Dr. Jaerock Lee

Tvrdo pouzdanje u ono, čemu se nadamo

A vjera je tvrdo pouzdanje u ono, čemu se nadamo, osvjedočenje o onom, što ne vidimo. Jer u njoj stari postigoše sjajno svjedočanstvo. Vjerom poznajemo, da je svijet riječju Božjom zgotovljen, tako da iz nevidljiva postade vidljivo.
(Poslanica Hebrejima 11:1-6)

Tvrdo pouzdanje u ono, čemu se nadamo
Vjera - Dr. Jaerock Lee
Nakladnik: Urim Books (Predstavnik: Johnny. H.kim)
235-3, Guro-dong 3, Guro-gu, Seoul, Korea
www.urimbook.com

Sva prava pridržana. Ni ova knjiga, niti njezini dijelovi ne smiju se reproducirati niti u bilo kojem obliku, pohranjivati na računalni sustav elektroničkim, mehaničkim putom, fotokopiranjem, bez prethodnog pisanog odobrenja izdavača.

Osim ako nije drukčije naznačeno, svi citati iz Svetog pisma preuzeti su iz Biblije Kršćanske sadašnjosti, Zagreb, 2008. ®, autorska prava © prvo izdanje u vlastitoj nakladi izdavača Kršćanska sadašnjost, Zagreb, 2008. Odobreno korištenje. Korišteno s dopuštenjem.

Copyright © 2009. Dr. Jaerock Lee
ISBN: 979-11-263-1164-4 03230
Autorska prava na prijevod © 2008. Dr. Esther K. Chung.
Korišteno s dopuštenjem.

Prethodno na korejskom objavio 1990. Urim Books

Prvi put objavljeno u lipnju 2008.

Urednica: Dr. Geumsun Vin
Dizajnirao urednički ured Urim Books
Preveo: Zoran Ivančić
Za više informacija obratite nam se na: urimbook@hotmail.com

Uvod

Dajem svu hvalu i slavu Bogu Ocu koji nas je vodio do izdavanja ove knjige.

Bog, koji je Ljubav, je poslao Svojeg jedinog začetog Sina, Isusa Krista, kao žrtvu iskupljenja za čovječanstvo koje je bilo osuđeno na smrt zbog svojih grijeha nakon Adamovog neposluha i popločao je put spasenja za nas. Vjerom u tu činjenicu, svakome tko otvori svoje srce i prihvati Isusa Krista kao svojeg Spasitelja oprošteni su njegovi grijesi, prima dar Duha Svetog i On ga prepoznaje kao dijete Boga. Nadalje, kao dijete Boga imamo pravo primiti odgovore na sve što pitamo kroz vjeru. Rezultat toga je život u obilju bez nedostataka i sposobnost trijumfantnog prevladavanja svijet.

Biblija nam govori da su oci vjere vjerovali u moć Boga koji može stvoriti nešto ni iz čega. Oni su iskusili nevjerojatan rad Boga. Naš Bog je isti jučer, danas i sutra, te sa Svojom nevjerojatnom moći On još uvijek izvodi isti rad za one koji vjeruju i prakticiraju riječ Boga koja je zapisana u Bibliji.

U mojoj župi tijekom prošlog desetljeća, posvjedočio sam

kako nebrojeni članovi Manmina primaju odgovore i rješenja na razne probleme koji su ih nekad patili u njihovim životima tako da vjeruju i slušaju riječ istine te su mogli davati jako veliku slavu Bogu. Kada oni vjeruju u riječ Boga koja govori, "trpi kraljevstvo nebesko silu, i silnici gledaju da ga ugrabe" (Po Mateju 11:12) i oni su se mučili i molili te prakticirali riječ Boga da bi posjedovali veću vjeru, oni izgledaju još vrjednije i ljepše od bilo čega drugoga.

Ovaj rad je za one koji revno žele voditi pravedne živote posjedujući pravu vjeru kojom slave Boga, šire ljubav Boga i dijele evanđelje Gospoda. Tijekom prošla dva desetljeća ja sam propovijedao tako mnogo poruka naslovljenih "Vjera" i kroz odabir među njima svrstao sam ih po redu, ova knjiga je prema tome mogla biti tiskana. Ja želim da ovaj rad, Vjera: Tvrdo pouzdanje u ono, čemu se nadamo igra ulogu svjetionika koji djeluje kao vodič do prave vjere za nebrojene duše.

Vjetar puše gdje želi i nevidljiv je našim očima. Ipak, kad vidimo kako lišće leti na vjetru, možemo shvatiti stvarnost vjetra. Na isti način, iako nismo u mogućnosti vidjeti Boga golim okom, Bog je živ i stvarno postoji. Zato prema svojoj vjeri u Njega, do koje god mjere želiš, moći ćeš Ga vidjeti, čuti Ga, osjetiti Njegovu prisutnost i iskusiti Ga.

Jaerock Lee

Sadržaj

Uvod

Poglavlje 1
Tjelesna vjera i duhovna vjera · 1

Poglavlje 2
Okvir uma tijela je neprijateljski nastrojen prema Bogu · 13

Poglavlje 3
Uništi sve vrste misli i teorija · 29

Poglavlje 4
Posij sjeme vjere · 43

Poglavlje 5

"Ako možeš?" Sve su stvari moguće! · 57

Poglavlje 6

Daniel se pouzdao samo u Boga · 71

Poglavlje 7

Bog daje unaprijed · 85

Poglavlje 1

Tjelesna vjera i duhovna vjera

Poslanica Hebrejima 11:1-3

A vjera je tvrdo pouzdanje u ono, čemu se nadamo, osvjedočenje o onom, što ne vidimo. Jer u njoj stari postigoše sjajno svjedočanstvo. Vjerom poznajemo, da je svijet riječju Božjom zgotovljen, tako da iz nevidljiva postade vidljivo.

Pastor uživa gledati kako njegovo stado posjeduje pravu vjeru i slavi Boga sa pravom vjerom. U jednu ruku, kada neki od njih svjedoče živog Boga i svjedoče svojim životima u Kristu, pastor se može radovati i postati još vatreniji u svojem zadatku koji mu je Bog povjerio. U drugu ruku, kada drugi ne uspiju napredovati u svojoj vjeri i padaju u iskušenja i nepogode, pastor mora osjećati bol i njegovo je srce u problemima.

Bez vjere, nije ti samo nemoguće udovoljiti Bogu i primiti Njegove odgovore na svoje molitve, nego će ti također biti teško imati nade za nebo i voditi ispravan život vjere.

Vjera je najvažnija osnova kršćanskog života. To je prečac do spasenja i u biti potreba za primanje Božjih odgovora. U naša vremena, jer ljudi nemaju ideju o pravoj definiciji vjere, mnogi ljudi ne uspijevaju imati pravu vjeru. Oni ne uspijevaju imati uvjerenje o spasenju. Oni ne uspijevaju hodati u svjetlu i ne uspijevaju primiti Božje odgovore čak i ako ispovijedaju svoju vjeru u Boga.

Vjera je podijeljena u dvije kategorije. Tjelesna vjera i duhovna vjera Prvo poglavlje objašnjava što je prava vjera i kako možeš primiti Božje odgovore i biti poveden putem vječnog života kroz pravu vjeru.

Tjelesna vjera

Kada ti vjeruješ u ono što vidiš svojim očima i stvari koje se poklapaju sa tvojim znanjem i mislima, tvoja vjera je tip koji se zove "tjelesna vjera." Tom tjelesnom vjerom ti možeš samo vjerovati u te stvari koje su načinjene od stvari koje su vidljive. Na primjer, tom vjerom vjeruješ da je stol napravljen od drveta.

Tjelesna se vjera također zove "vjera kao znanje." Tom tjelesnom vjerom, ti vjeruješ samo u ono što se poklapa sa znanjem koje se nalazi u tvojem mozgu i tvojim mislima. Ti možeš vjerovati bez sumnje da je stol napravljen od drveta jer si vidio ili čuo da je stol napravljen od drveta i ti to razumiješ.

Ljudi imaju memorijsku jedinicu u mozgu. Oni unose mnoge vrste znanja u njega od rođenja. Oni skladište znanje u moždane stanice koje su vidjeli, čuli, prikupili kroz svoje roditelje, braću, sestre, prijatelje, susjede, što su naučili u školi i oni koriste uskladišteno znanje kako je potrebno.

Ne pripada svaki dio znanja koje je pohranjeno u mozgu istini. Riječ Boga je istina jer ona stoji zauvijek, dok se znanje sa ovog svijeta lako mijenja i to je spoj istine i neistine. Jer oni nemaju potpuno razumijevanje istine, ljudi svijeta ne shvaćaju da se neistine pogrešno koriste kao da su istine. Na primjer, oni vjeruju da je teorija evolucije točna jer su oni naučili o teoriji evolucije u školi bez znanja riječi Boga.

Oni koji su učili samo činjenice da se stvari mogu stvoriti samo od nečega što već postoji ne mogu vjerovati da se nešto može stvoriti ni iz čega.

Ako je čovjek tjelesne vjere primoran vjerovati da je nešto načinjeno ni iz čega, znanje koje je skladištio i vjerovao da je ispravno od rođenja sprječava ga u vjerovanju i njegove sumnje ga prate te on ne uspijeva vjerovati.

U trećem Ivanovom poglavlju, Židovski vladar imena Nikodem je došao do Isusa i podijelio duhovni govor s Njim. Tijekom razgovora Isus ga je izazvao govoreći, "Ako ne vjerujete, kad vam govorim o zemaljskim stvarima, kako ćete vjerovati, kad vam govorim o nebeskim?" (s. 12.)

Kada počneš svoj kršćanski život, ti skladištiš znanje o riječi Boga koliko god je čuješ. Ali ne možeš potpuno vjerovati od početka i otkrivaš da je tvoja vjera tjelesna. Sa tom tjelesnom vjerom, sumnje će se podići unutar tebe i ti nećeš uspjeti živjeti prema riječi Boga, komunicirati sa Bogom i primiti Njegovu ljubav. Zato se tjelesna ljubav također zove "vjera bez dijela," ili "mrtva vjera."

Sa tjelesnom vjerom ti ne možeš biti spašen. Isus je rekao po Mateju 7:21, "Neće svaki, koji mi govori: 'Gospodine, Gospodine!' ući u kraljevstvo nebesko, nego samo tko čini volju Oca mojega, koji je na nebesima" i po Mateju 3:12, "Vijačom u ruci on će očistiti gumno svoje; skupit će pšenicu u svoju žitnicu, a pljevu će spaliti ognjem neugasivim." Ukratko, ako ne prakticiraš riječ Boga i ako se otkrije da je tvoja vjera vjera bez djela, ti ne možeš ući u kraljevstvo neba.

Duhovna vjera

Kada ti vjeruješ u stvari koje se ne mogu vidjeti i stvari koje se ne slažu sa ljudskim mislima i znanjem, tebe se može smatrati da imaš duhovnu vjeru. Sa tom duhovnom vjerom ti možeš vjerovati da je nešto stvoreno iz ničega.

Što se tiče duhovne vjere, poslanica Hebrejima 11:1 definira sljedeće: A vjera je tvrdo pouzdanje u ono, čemu se nadamo, osvjedočenje o onom, što ne vidimo. Drugim riječima, kada mi pogledamo stvari duhovnim očima, stvari će postati stvarnost za nas i kada gledamo očima vjere što se ne vidi, uvjerenje kojim možemo je otkriveno. U duhovnoj vjeri, koja je poznata i kao „vjera kao znanje," biti će moguće i bit će otkriveno kao stvarnost ono što se ne može učiniti tjelesnom vjerom.

Na primjer, kada je Mojsije vidio stvari očima vjere, Crveno more se podijelilo na dva dijela i ljudi Izraela su prešli preko suhe zemlje (Izlazak 14:21-22). I kada su Mojsijev nasljednik Jošua i njegovi ljudi pogledali na grad Jerihon i marširali oko grada 7 dana i onda zavikali na gradske zidove te su gradski zidovi pali (Jošua 6:12-20). Abraham, otac vjere, je mogao poslušati zapovijed Boga i prinijeti svojeg jedinog sina, Izaka, koji je bio sjeme Božjeg obećanja jer je on vjerovao da Bog može podići čovjeka iz mrtvih (Postanak 22:3-12). To je jedan razlog zašto se duhovna vjera zove "vjera popraćena djelima, " i "živa vjera."

Poslanica Hebrejima 11:3 nam govori, "Vjerom poznajemo, da je svijet riječju Božjom zgotovljen, tako da iz nevidljiva postade vidljivo." Nebo i zemlja i sve stvari u njima uključujući sunce, mjesec, zvijezde, stabla, ptice, ribe i zvijeri su stvorene preko riječi Boga koji je oblikovao čovječanstvo iz zemlje. Sve to je stvoreno ni iz čega i možemo vjerovati i shvatiti tu činjenicu samo sa duhovnom vjerom.

Nije sve vidljivo našim očima ili vidljivo u stvarnost, ali moći Boga, tj. Njegovom riječi, sve je načinjeno. Zato mi ispovijedamo da je Bog svemoguć i sveznajući i od Njega možemo primiti sve što ga pitamo u vjeri. Jer je svemogući Bog naš Otac i mi smo Njegova djeca, tako da je sve učinjeno za nas kako smo mi vjerovali.

Da bi primio odgovore i iskusio čuda vjerom, ti se moraš okrenuti od svoje tjelesne vjere u vjeru koja je duhovna. Prvo, ti moraš shvatiti da te znanje skladišteno u tvojem mozgu od tvoga rođenja i tjelesna vjera koja je bazirana na tom znanju sprječavaju imati duhovnu vjeru. Moraš srušiti znanje koje donosi sumnje i odstraniti znanje koje je uskladišteno u tvojem mozgu i donosi zablude. Koliko god slušaš i razumiješ riječ Boga, znanje duha se sve više skladišti unutar tebe i do mjere u kojoj ti svjedočiš znakovima i čudima koja su otkrivena moći Boga i iskusiš dokaze živog Boga koja se prikazuju kroz iskaze mnogih vjernika, sumnje će se odbaciti i tvoja će duhovna vjera rasti.

Koliko god tvoja duhovna vjera raste, ti možeš živjeti prema riječi Boga, imati komunikaciju s Njim i primiti odgovore od Njega. Kada su tvoje sumnje potpuno odbačene možeš stajati na kamenu vjere i može te se smatrati osobom koja ima snažnu vjeru kojom možeš voditi pobjednički život u svakom iskušenju i testu.

Tim kamenom vjere, Jakovljeva poslanica 1:6 nas upozorava, "Ali neka ište s vjerom, ne sumnjajući ništa; jer tko sumnja, sličan je morskomu valu, koji vjetar podiže i goni" i Jakovljeva poslanica 2:14 nas pita, "što koristi, braćo moja, ako tko kaže, da ima vjeru, a djela nema? Zar ga može vjera spasiti?"

Prema tome, ja te potičem da samo kada obaciš sve sumnje, stojiš na kamenu vjere i pokazuješ djela vjere, tebe se može smatrati osobom koja ima duhovnu i pravu vjeru sa kojom možeš biti spašen.

Prava vjera i vječan život

Parabola o deset djevica koja je zapisana po Mateju poglavlje 25 daje nam mnogo učenja. Parabola govori da su deset djevica uzele svoje lampe i otišle susresti mladoženju. Njih pet je bilo mudro i uzele su sa sobom ulje u bočicama zajedno sa svojim lampama i uspješno su došle do mladoženje, ali budući da je drugih pet bilo budalasto i nisu uzele ulje sa svojim lampa one nisu mogle susresti mladoženju. Ova parabola nam objašnjava da među vjernicima će neki koji vode uspješne vjerničke živote i pripremaju se za povratak Gospoda duhovnom vjerom biti spašeni, dok drugi koji se ne pripremaju ispravno neće moći dobiti spasenje jer je njihova vjera mrtva vjera koja nije popraćena djelima.

Kroz Mateja 7:22-23 Isus nas budi da čak i ako su mnogi proricali, odbacivanje demona i prikazivanje djela u Njegovo ime, ne mogu se svi oni spasiti. To je zato što ispada da su oni pljeva koja nije činila volju Boga nego su umjesto toga prakticirali bezakonje i činili grijehe.

Kako možemo razabrati između žita i pljeve?

Kompaktni Oxfordski engleski rječnik odnosi se na "pljeva" kao "ljuska žitarice ili drugog sjemena koja je odvojena vijanjem ili vršidbom." Pljeva duhovno simbolizira vjernike koji se čine da žive prema riječi Boga ali čine zla bez mijenjanja svojih srca prema istini. Oni idu u crvku svaku nedjelju, daju svoju desetinu, mole se Bogu, brinu se za slabe članove i služe crkvi, ali oni čine sve te stvari, ne pred Bogom, nego da bi prikazali predstavu pred očima ljudi oko njih. Zato su oni kategorizirani kao pljeva i ne mogu primiti spasenje.

Žito se odnosi na vjernike koji su se pretvoriti u ljude duha sa riječi istine Boga i posjeduju vjeru koja nije potresena bilo kakvim okolnostima i ne okreće se lijevo niti desno. Oni sve rade s vjerom: Oni poste s vjerom i mole se Bogu s vjerom, tako da oni mogu primiti odgovore od Boga. Oni ne djeluju prema sili koju drugi iskazuju, nego sve čine s radosti i zahvalnosti. Jer oni slijede glas Duha Svetog da bi udovoljili Bogu i djelovali vjerom, njihova duša uspijeva, sve im dobro ide i oni uživaju u dobrom zdravlju.

Sada te ja potičem da se preispitaš štuješ li ti Boga u istini i duhu ili spavaš i slijediš besposlene misli i sudiš riječ Boga tijekom misnih slavlja. Moraš se također zagledati i vidjeti jesi li dao žrtve radosno ili si žeo štedljivo i nevoljko zbog očiju drugih. Što više tvoja duhovna vjera raste, to će te više djela slijediti. I što više prakticiraš riječ Boga, živa vjera će ti biti dana i ti ćeš boraviti u ljubavi i blagoslovu Boga, hodati sa Njim i bit ćeš uspješan u svemu. Svi blagoslovi koji su zapisani u Bibliji će doći na tebe jer je Bog vjeran prema Svojem obećanju baš kao što je zapisano u Brojevima 23:19, "Nije Bog kao čovjek, da laže, nije kao sin čovječji da se kaje. On zar da rekne i da ne učini? On zar da rekne i da ne učini?"

Međutim, ako ti ne prisustvuješ misnim slavljima i ne moliš se na redovnoj bazi i marljivo služiš crkvi nego ne uspijevaš primiti želje srca, tada moraš shvatiti da nešto nije uredu u tvojem dijelu.

Ako ti imaš pravu vjeru moraš slijediti i prakticirati riječ Boga. Umjesto insistiranja na svojim vlastitim mislima i znanju, ti bi trebao priznati da je samo riječ Boga istina i imati hrabrosti uništiti sve što stoji protiv riječi Boga. Moraš odbaciti svaki oblik zla na način marljivog slušanja riječi Boga i ostvarivanjem posvećenosti kroz neprestane molitve.

Nije istina da si ti spašen samo kroz jednostavne dolaske na crkvene službe i kroz slušanje riječi Boga te skladištenjem te riječi u vidu znanja. Osim ako ju prakticiraš, to je mrtva vjera bez djela. Samo kada ti posjeduješ pravu i duhovnu vjeru i činiš volju Boga, ti ćeš moći ući u kraljevstvo neba i uživati u vječnom životu.

Shvati da Bog želi da ti imaš duhovnu vjeru koja je popraćena sa djelima i uživaš u vječnom životu i privilegijama djece Boga sa pravom vjerom!

Poglavlje 2

Okvir uma tijela je neprijateljski nastrojen prema Bogu

Poslanica Rimljanima 8:5-8

"Jer koji su po tijelu, tjelesno misle, a koji su po Duhu, duhovno misle. Jer mudrost tijela smrt je, a mudrost Duha život je i mir, Jer mudrost tijela neprijateljstvo je Bogu, jer se ne pokorava zakonu Božjemu, a niti može, a koji su u tijelu, ne mogu ugoditi Bogu."

Danas postoje mnogi ljudi koji pohađaju crvku i svjedoče svoju vjeru u Isusa Krista. To je vesela i dobra vijest za nas. Ali naš Gospod Isus nam govori po Mateju 7:21, "Neće svaki, koji mi govori: 'Gospodine, Gospodine!' ući u kraljevstvo nebesko, nego samo tko čini volju Oca mojega, koji je na nebesima." I On je dodao po Mateju 7:22-23, "U onaj dan mnogi će mi reći: 'Gospodine, Gospodine, nijesmo li u ime tvoje prorokovali? Nijesmo li u ime tvoje đavle izgonili Nijesmo li u ime tvoje čudesa mnoga činili?' Tada ću im izjaviti; 'Nikad vas nijesam poznavao; idite od mene, zlotvori'".

I Jakovljeva poslanica 2:26 nam govori, "Jer kao što je tijelo bez duha mrtvo, tako je i vjera bez djela mrtva." Zato ti moraš učiniti svoju vjeru potpunom kroz djela poslušnosti tako da te se može prepoznati kao pravo dijete Boga koje prima sve što pita.

Nakon što prihvatimo Isusa Krista kao svog Spasitelja, mi ćemo se radovati i služiti zakonu Boga našim umom. Međutim, ako mi ne uspijemo držati zapovijedi Boga, onda mi služimo zakonu grijeha našim tijelom i mi Mu ne uspijevamo udovoljiti. To je zato što smo tjelesnim mislima postavljeni u poziciju neprijateljstva prema Bogu i mi nismo u mogućnosti postati podanik zakona Boga.

Ali ako mi odbacimo tjelesne misli i slijedimo duhovne misli, nas Duh Sveti može voditi, možemo poštivati Njegove zapovijedi i udovoljiti Mu baš kao što je Isus ispunio zakon s ljubavlju. Prema tome, obećanje Boga govori, "Sve stvari su moguće za one koji vjeruju" dolazi na nas.

Sada zaronimo u to koja je razlika između tjelesnih i duhovnih misli. Pogledajmo zašto su tjelesne misli neprijateljski nastrojene prema Bogu i kako mi možemo izbjeći tjelesne misli i hodati prema Duhu tako da udovoljimo Bogu.

Tjelesni čovjek misli o tjelesnim željama, dok duhovni čovjek želi stvari duha

1) Tijelo i želje tijela

U Bibliji postoje takvi izrazi kao "tijelo," "stvari tijela," "želje tijela" i "djela tijela." Te riječi su slične u značenju i sve istrunu i nestanu nakon što mi napustimo ovaj svijet.

Djela/ radovi tjela su zapisani u Poslanici Galaćanima 5:19-21: "Očita su djela tjelesna, a ova su: preljubočinstvo, nečistoća, besramnost, razuzdanost, idolopoklonstvo, čaranja, neprijateljstva, svađe, ljubomor, srdžbe, spletke, razdori, sljedbe, zavisti, ubojstva, pijanstva, razuzdane gozbe i ovim slična, za koja vam unaprijed kažem, kao što sam i prije rekao, da oni, koji tako što čine, neće postići kraljevstva Božjega."

U Poslanici Rimljanima 13:12-14 apostol Pavao nas upozorava na želje tijela, govoreći, "Noć prođe, a dan se približi. Odbacimo dakle djela tmine, a obucimo se u oružje svijetla! Hodimo pošteno kao po danu, ne u raskošnim gozbama i pijankama, e u nečistoći i raspuštenosti, ne u svađi i zavisti; Nego se obucite u Gospodina Isusa Krista, i ne brinite se za tijelo, da ugodite njegovim požudama!"

Mi imamo um i imamo misli. Kada imamo grešne želje i neistine u našem umu, te grešne želje i neistine se zovu "želje tijela," a kada su te grešne želje otkrivene u djela, one se zovu "djela tijela." Želje i djela tijela su protiv istine, pa nitko tko uživa u njima ne može nastaniti kraljevstvo Boga.

Prema tome, Bog nas upozorava u 1. poslanici Korinćanima 6:9-10, "Ili ne znate, da nepravednici neće baštiniti kraljevstva Božjega? Ne varajte se: ni bludnici, ni idolopoklonici, ni preljubočinci, ni mekoputnici, ni muželožnici, Ni kradljivci, ni lakomci, ni pijanice, ni psovači, ni razbojnici neće baštiniti kraljevstva Božjega" i također u 1. poslanici Korinćanima 3:16-17, "Ne znate li, da ste hram Božji, i Duh Božji da stanuje u vama? Ako li tko oskvrni hram Božji, upropastit će njega Bog; jer je hram Božji svet, a to ste vi."

Kao što je rečeno u stihu iznad, moraš shvatiti da nepravednik koji počini grijehe i zlo u djelima ne može nastaniti kraljevstvo Boga- oni koji prakticiraju djela tijela se ne mogu spasiti. Ostani budan da ne bi pao u iskušenja propovjednika koji kažu da se možeš spasiti dolascima u crkvu. U ime Gospoda preklinjem te da ne smiješ pasti u iskušenje tako da pažljivo ispituješ riječ Boga.

2) Duh i želje duha

Čovjek se sastoji od duha, duše i tijela; naše tijelo propada. Tijelo samo čuva naš duh i dušu. Duh i duša su vječni subjekti koji uzimaju vlast nad operacijama našeg uma i daju nam život.

Duh se klasificira u dvije kategorije: Duh koji pripada Bogu i duh koji ne pripada Bogu. Zato u 1. Ivanovoj poslanici 4:1-3 piše, "Ljubljeni, ne vjerujte svakome duhu, nego kušajte duhove, jesu li od Boga; jer mnogi lažni proroci iziđoše na svijet.

Duh Božji nam pomaže ispovjediti da je Isus Krist došao u tijelu i vodio nas do znanja stvari koje nam je Bog slobodno dao

(1. Ivanova poslanica 4:2; 1. poslanica Korinćanima 2:12).

Isus je rekao po Ivanu 3:6, "Ono što je rođeno od tijela, tijelo je; a što je rođeno od Duha, duh je." Ako mi prihvatimo Isusa Krista i prihvatimo Duh Sveti, Duh Sveti dolazi u naša srca, osnažuje nas da bismo shvatili riječ Boga, pomaže nam živjeti prema riječi istine i vodi nas da bismo postali ljudi duha. Kada Duh Sveti dođe u naše srce, On će oživjeti naš mrtvi duh, pa je rečeno da smo mi ponovno rođenu u Duhu i postali smo dovoljno posvećeni kroz obrezivanje srca.

Naš Gospod je rekao po Ivanu 4:24, "Bog je duh, i koji mu se klanjaju, moraju mu se klanjati u duhu i u istini." Duh pripada 4. dimenziji svijeta i tako Bog koji je duh ne vidi samo srce svakog od nas nego također zna sve o nama.

Po Ivanu 6:63 govori, "Duh je ono, što oživljava, tijelo ne koristi ništa. Riječi, koje vam ja rekoh, jesu duh i život," Isus objašnjava da nam Duh Sveti daje život i da je riječ Boga je duh.

I po Ivanu 14:16-17 govori, "I ja ću moliti Oca, i dat će vam drugoga Utješitelja, da ostane s vama dovijeka, Duha istine, kojega svijet ne može primiti, jer ga ne vidi, niti ga poznaje; a vi ga poznajete, jer ostaje kod vas i u vama je." Ako mi prihvatimo Duh Sveti i postanemo djeca Boga, Duh Sveti nas vodi do istine.

Duh Sveti boravi u nama nakon što mi prihvatimo Gospoda i daje život duhu u nama. On nas vodi do istine i pomaže nam shvatiti sve nepravednosti i mi se pokajemo i okrenemo od njih. Ako mi hodamo protiv istine, Duh Sveti stenje, uzrokuje da se osjećamo uznemireno, potiče nas shvatiti naše grijehe i ostvariti posvećenost.

U dodatku, Duh Sveti se naziva Duhom Boga (1. poslanica Korinćanima 12:3) i Duhom Gospoda (Djela apostolska 5:9; 8:39). Duh Boga je vječna Istina i Duh koji daje život i vodi nas do vječnog života.

U drugu ruku, duh koji ne pripada Bogu nego ide protiv Duha Boga ne ispovijeda da je Isus došao u ovaj svijet u tijelu i on se naziva "duh svijeta" (1. poslanica Korinćanima 2:12), "duh antikrista" (1. Ivanova poslanica 4:3), "varljivi duh" (1. poslanica Timoteju 4:1) i "nečisti duhovi" (Otkrivenje 16:13). Svi ti duhovi su vražji. Oni nisu od Duha istine. Ti duhovi neistina ne daju život nego umjesto toga vode ljude do uništenja.

Duh Sveti se odnosi na savršenog Duha Boga i prema tome kada mi prihvatimo Isusa Krista i postanemo Božje dijete, mi primamo Duh Sveti i Duh Sveti daje život duhu i pravednosti u nama i osnažuje nas da bismo rodili plod Duha Svetog, pravednost i Svijetlo. Kako mi sličimo Bogu kroz taj rad Duha Svetog, nas će On voditi, zvati ćemo se sinovi Boga i zvat ćemo Boga "Aba! Oče!" jer smo mi primili duh usvajanja kao sinovi (Poslanica Rimljanima 8:12-15).

Prema tome, dok god nas vodi Duh Sveti, mi rađamo devet plodova Duha Svetog koji su ljubav, radost, mir, strpljenje, ljubaznost, dobrota, vjernost, blagost i samokontrola (Poslanica Galaćanima 5:22-23). Ti također rađamo plod pravednosti i plodove Svjetla koji sadrže svu dobrotu i pravednost i istinu, sa kojom mi možemo primiti puno spasenje (Poslanica Efežanima 5:9).

Tjelesne misli vode smrti, ali duhovne misli vode do života i mira

Ako slijediš tijelo, ti ćeš postaviti svoj um na misli tijela. Ti ćeš živjeti prema tijelu i činiti grijehe. Onda, prema riječi Boga koja govori, "plaća za grijeh je smrt," ti ne možeš nego biti na putu do smrti. Zato nas Gospod pita, "Što koristi, braćo moja, ako tko kaže, da ima vjeru, a djela nema? Zar ga može vjera spasiti? Tako i vjera, ako nema djela, mrtva je u samoj sebi" (Jakovljeva poslanica 2:14-17).

Ako postaviš svoj um na tijelu, to ne uzrokuje da samo radiš grijehe i patiš nepogode na zemlju, nego ti nećeš moći nastaniti kraljevstvo neba. Zbog toga, ti moraš ovo držati na umu i usmrtiti djela tijela tako da možeš dobiti vječan život (Poslanica Rimljanima 8:13).

U suprotnom, ako slijediš Duh, ti ćeš postaviti svoj um na Duh i pokušavati što bolje živjeti prema istini. Tada će ti Duh Sveti pomoći boriti se protiv neprijatelja vraga i Sotone, odbaciti neistine i hodati u istini i ti ćeš tada postati posvećen.

Pretpostavimo da te netko udari po obrazu bez razloga. Ti se možeš razljutiti, ali ti možeš odbaciti tjelesne misli i umjesto toga slijediti duhovne prisjećajući se Isusova razapeća. Jer nam riječ Boga govori da mu okrenemo drugi obraz kada smo udareni u prvi i da se radujemo u svakim okolnostima, ti možeš oprostiti, strpljivo pretrpjeti i služiti drugima. Kao rezultat, ti ne moraš biti mučen. To je način na koji možeš dobiti mir u svojem srcu. Dok ne postaneš posvećen, to ćeš željeti prići mu i prekoriti ga jer još je ostalo zla u tebi. Ali, nakon što odbaciš sve oblike zla, ti ćeš osjećati ljubav prema njemu iako pronalaziš njegove mane.

Prema tome, ako postaviš svoj um prema duhu, ti tražiš duhovne stvari i hodaš u riječi istine. Onda kao rezultat možeš primiti pravi život i tvoj život će biti ispunjen mirom i blagoslovima.

Tjelesne misli su neprijateljski nastrojene prema Bogu

Tjelesne misli te ometaju u molitvi Bogu, dok te duhovne potiču u molitvi Njemu. Tjelesne misli rezultiraju u neprijateljstvu i svađi, dok duhovne vode do ljubavi i mira. Isto tako, tjelesne misli su protiv istine i one su zapravo volja i misli neprijatelja vraga. Zbog toga ako ti nastaviš slijediti tjelesne misli, barijera će se podići protiv Boga i stati će na put Božjoj volji za tebe.

Tjelesne misli ne donose mir nego samo brige, nervozu i probleme. U jednoj riječi, tjelesne misli su potpuno nepotrebne i nemaju koristi. Naš Bog Otac je svemoguć, sveznajući i kao

Stvoritelj vlada nad nebom, zemljom, svim stvarima u njima i također našim duhovima i tijelima. Što On ne može dati nama, Svojoj voljenoj djeci? Ako je tvoj otac predsjednik velike industrijske grupe, ti se nikad nećeš morati brinuti o novcu i ako je tvoj otac savršen doktor medicine, dobro zdravlje ti je zagarantirano.

Isus nam govori po Marku 9:23, "Što se tiče mogućnosti? sve je moguće onome, koji vjeruje," duhovne misli donose vjeru i mir na tebe, dok te tjelesne misli sprječavaju od ostvarivanja volje i rada Boga zadajući ti brige, nervozu i probleme. Zbog toga, u vezi tjelesnih misli, poslanica Rimljanima 8:7 nam govori, "Jer mudrost tijela neprijateljstvo je Bogu, jer se ne pokorava zakonu Božjemu, a niti može.".

Mi smo djeca Boga koja služe Boga i zovu Ga "Oče." Međutim ako ti nemaš radosti nego se umjesto toga osjećaš uznemireno, demoralizirano i zabrinuto, to dokazuje da ti slijediš tjelesne misli koje potiče neprijatelj vrag i Sotona umjesto duhovnih misli koje Bog daje. Onda, ti se moraš odmah pokajati, okrenuti i tražiti duhovne misli. To je zato što se mi možemo izložiti Bogu i slušati Ga samo sa našim duhovnim umom.

Oni koji su u tijelu ne mogu udovoljiti Bogu

Oni koji postave svoje umove na tijelo nalaze se protiv Boga i oni ne mogu biti izloženi zakonu Boga. Oni ne slušaju Boga i ne mogu Mu udovoljiti i u konačnici pate od iskušenja i problema.

Budući da je Abraham, otac vjere, uvijek tražio duhovne misli, on je mogao slušati čak i zapovijed Boga koja je zahtijevala da se njegov jedini sin Izak ponudi kao žrtva paljenica. U suprotnom, kralj Saul, koji je slijedio tjelesne misli, je u konačnici odbačen; Jona je bačen snažnom olujom i progutala ga je velika riba; Izraelci su patili 40 godina teškog života u divljini nakon Izlaska.

Kada ti slijediš duhovne misli i pokazuješ djela vjere, tebi se može dati želje srca, baš kao što je obećano u Psalmu 37:4-6, "Imaj svoju radost u Gospodu; on će ti ispuniti što ti želi srce! Prepusti Gospodu sudbinu svoju; pouzdaj se u njega: on će već to urediti! On će dati, te pravednost tvoja zasja kao svjetlost, pravica tvoja kao podnevna svjetlost."

Svatko tko stvarno vjeruje u Boga mora istjerati sav neposluh kojeg uzrokuje rad neprijatelja vraga, drži zapovijedi Boga i čini sve stvari koje će Ga udovoljiti. Tada će on postati čovjek duha koji će moći primiti sve za što pita.

Kako mi možemo slijediti djela duha?

Isus, koji je Sin Boga, došao je na ovu zemlju i postao zrno žita za grešnike i umro za njih. On je popločao put spasenja za svakoga tko Ga prihvati i postane dijete Boga te je pobrao nebrojene plodove. On je samo tražio duhovne misli i slušao volju Boga; On je vratio mrtve u život, ozdravio bolesne od svih vrsta bolesti i proširio kraljevstvo Boga.

Što ti trebaš učiniti da bi nastavio nakon Isusa i udovoljio Bogu?

Prvo, moraš živjeti uz pomoć Duha Svetog kroz molitve.

Ako se ne moliš, ti ćeš doći pod rad Sotone i živjet ćeš prema tjelesnim mislima. Međutim, kad se ti moliš bez prestanka, možeš primiti radove Duha Svetog u svojem životu, biti uvjeren u to što je pravedno, biti u opoziciji grijehu, biti oslobođen suda, slijediti želje Duha Svetog i postati pravedan u vidu Boga. Čak je i Sin Boga, Isus, ostvarivao radove Boga kroz molitve. Kako je to volja Boga moliti se bez prestanka, kada se ti moliš bez prestanka, ti možeš pratiti samo duhovne misli i udovoljiti Bogu.

Drugo, ti moraš ostvariti duhovne radove iako ti ne želiš. Vjera bez djela je samo vjera kao znanje. To je mrtva vjera. Kada ti znaš što treba učiniti, ali to ne učiniš, to je grijeh. Pa, ako ti želiš slijediti volju Boga i udovoljiti Mu, ti moraš pokazivati djela vjere.

Treće, ti se moraš pokajati i primiti moć od iznad tako da možeš imati vjeru koju prate djela. Budući da su tjelesne misli neprijateljski nastrojene prema Bogu, nedopadljive su Mu i grade zid grijeha između Boga i tebe, ti ih se moraš pokajati i odbaciti ih. Pokajanje je uvijek potrebno za dobar kršćanski život, ali da bi ih odbacio ti moraš parati svoje srce i pokajati se.

Ako ti počiniš grijeh za koji znaš da ne bi trebao činiti, tvoje srce će se osjećati nelagodno. Kada se pokaješ za grijehe sa suznim molitva, briga i nervoza će te napustiti, ti ćeš postati osvježen, pomiren sa Bogom, povratiti ćeš mir i moći ćeš primiti želje svojeg srca. Ako se ti nastaviš moliti da bi se riješio svakog oblika zla, pokajat ćeš se za svoje grijehe sa kidanjem svojeg srca. Tvoji grešni atributi će izgorjeti u vatri Duha Svetog i zidovi grijeha će biti uništeni. Onda, ti ćeš moći živjeti sa radovima Duha i time udovoljiti Bogu.

Ako se ti osjećaš opterećeno u svojem srcu nakon što si primio Duha Svetog kroz vjeru u Isusa Krista, to je zato što se sad nalaziš protiv Boga zbog svojih tjelesnih misli. Ti moraš uništiti zidove grijeha kroz vatrene molitve i onda slijediti želje Duha Svetog i činiti radove Duha prema duhovnim mislima. Kao rezultat, mir i radost će doći na tvoje srce, odgovori na tvoje molitve će doći i želje tvojeg srca će se ispuniti.

Isus nam govori po Marku 9:23, "Što se tiče mogućnosti? sve je moguće onome, koji vjeruje," neka svatko od vas odbaci tjelesne misli koje su protiv Boga i hoda sa vjerom prema radovima Duha Svetog tako da može udovoljiti Bogu, činiti Njegov bezgraničan rad i povećavati Njegovo kraljevstvu, u ime našeg Gospoda Isusa Krista ja se molim!

Poglavlje 3

Uništi
sve vrste misli i teorija

2. poslanica Korinćanima 10:3-6

"Jer ako i živimo u tijelu, ne borimo se po tijelu, jer oružje naše borbe nije tjelesno nego silno po Bogu za rušenje utvrda, da odbacujemo mudrovanje. I svaku visost, koja se podiže proti spoznaji Božjoj, i zarobljujemo svaki razum za pokornost Kristu; i pripravni smo kazniti svaku nepokornost, kad se izvrši vaša, pokornost."

Ponovno, vjera se može podijeliti u dvije kategorije, duhovna vjera i tjelesna vjera. Tjelesna vjera se također može zvati vjera kao znanje. Kada prvi puta slušaš riječ Boga, ti dobivaš vjeru koja je znanje. To je tjelesna vjera. Ali kako ti razumiješ i prakticiraš riječ i ti počinješ dobivati duhovnu vjeru.

Ako razumiješ duhovnu poruku riječi istine Boga i postaviš temelje vjere tako da ju prakticiraš, Bog će se radovati i dat će ti duhovnu vjeru. Prema tome sa tom duhovnom vjerom koja ti je dana odozgor, ti možeš primiti odgovore na svoje molitve i rješenja svojih problema. Ti ćeš također iskusiti sretanje živog Boga.

Kroz to iskustvo, sumnje te napuštaju, ljudske misli i teorije su uništene i ti stojiš na kamenu vjere na kojem nisi nikad potresen sa bilo kakvom vrstom iskušenja ili nepogode. Kada si postao čovjek vjere i kao Krist u srcu, to znači da je tvoj temelj vjere trajno postavljen. Sa tim temeljom vjere ti možeš primiti sve što si pitao u toj vjeri.

Baš kao što je naš Gospod Isus rekao po Mateju 8:13, "Idi; neka ti bude, kako si vjerovao," ako ti posjeduješ potpunu duhovnu vjeru, to je vjera sa kojom možeš primiti sve što si pitao. Ti možeš živjeti životom slavljenja Boga u svemu što činiš. Ti ćeš boraviti u ljubavi i u uporištu Boga i ti ćeš postati velika radost Bogu.

A sada zaronimo u par stvari koje se tiču duhovne vjere. Koje su prepreke za dobivanje duhovne vjere? Kako ti možeš posjedovati duhovnu vjeru? Kakvu su vrstu blagoslova oci duhovne vjere primili u Bibliji? I konačno mi ćemo pogledati zašto su odbačeni oni koji postave svoj um na tjelesne misli.

Prepreke do dobivanja duhovne vjere

Duhovnom vjerom ti možeš komunicirati sa Bogom. Ti možeš jasno čuti glas Duha Svetog. Možeš primiti odgovore na svoje molitve i upite. Možeš slaviti Boga bilo da jedeš, piješ ili što god drugo radiš. Ti ćeš živjeti u milosti, prepoznanju i garanciji Boga u svojem životu.

Zašto onda ljudi ne uspijevaju imati duhovnu vjeru? Sada pogledajmo kakva nas vrsta faktora sprječava u posjedovanju duhovne vjere.

1) Tjelesne misli

Poslanica Rimljanima 8:6-7, "Jer mudrost tijela smrt je, a mudrost Duha život je i mir, Jer mudrost tijela neprijateljstvo je Bogu, jer se ne pokorava zakonu Božjemu, a niti može, a koji su u tijelu, ne mogu ugoditi Bogu."

Um se može podijeliti u dva dijela; jedan je po prirodi tjelesni a drugi je duhovni. Tjelesni um se odnosi na sve vrste misli koje se skladište u tijelu i sastoje se od svih vrsta neistina. Tjelesne misli pripadaju grijehu jer one nisu prema volji Boga. One rađaju smrt kao što je rečeno u poslanici Rimljanima 6:23, "Jer je plaća za grijeh smrt". U suprotnom, duhovni um se odnosi na misli istine i to je prema volji Boga- pravednost i dobrota. Duhovne misli rađaju život i donose nam mir.

Na primjer, pretpostavimo da si se susreo sa poteškoćom ili iskušenjem koje se ne može prevladati sa ljudskom snagom ili sposobnosti. Tjelesne misli ti donose brige i nervozu. Ali duhovne misli vode nas do odbacivanja svih briga i daju nam hvalu i radujemo se kroz riječ Boga koja govori, "Radujte se svagda! Molite se bez prestanka! Na svemu zahvaljujte; jer je ovo volja Božja u Kristu Isusu od vas" (1. poslanica Solunjanima 5:16-18),

Prema tome, duhovne misli su potpuno suprotne tjelesnima, pa sa tjelesnim mislima ti nisi i ne možeš podlijegati zakonu Boga. Zato su tjelesne misli neprijateljski nastrojene prema Bogu i remete nas pri posjedovanju duhovne vjere.

2) Dijela/ radovi tijela

Djela/ radovi tijela se odnose na sve grijehe i zlo koje

je otkriveno u djelima, baš kao što se definira u Poslanici Galaćanima 5:19-21, "Očita su djela tjelesna, a ova su: preljubočinstvo, nečistoća, besramnost, razuzdanost, idolopoklonstvo, čaranja, neprijateljstva, svađe, ljubomor, srdžbe, spletke, razdori, sljedbe, zavisti, ubojstva, pijanstva, razuzdane gozbe i ovim slična, za koja vam unaprijed kažem, kao što sam i prije rekao, da oni, koji tako što čine, neće postići kraljevstva Božjega."

Ako ti ne odbaciš djela tijela, ne možeš posjedovati duhovnu vjeru niti naslijediti kraljevstvo Boga. Zato te djela tijela sprječavaju u posjedovanju duhovne vjere.

3) Sve vrste teorija

Websterov prerađeni neskraćeni rječnik se odnosi na "teoriju" kao "doktrinu ili shemu stvari, koja završava u spekulaciji ili razmišljanju, bez pogleda na praksu; hipotezu; spekulaciju" ili "Izlaganje generalnog ili apstraktnog principa bilo koje znanosti." Ta ideja o teoriji je dio znanja koje podržava stvaranje nečega ni iz čega, ali to nam nije od pomoći prilikom našeg posjedovanja duhovne vjere. To nas zapravo ograđuje od posjedovanja duhovne vjere.

Promislimo o dvije teorije stvaranja, kreacionizam i Darwinova teorija evolucije. Većina ljudi nauči u školi da je čovječanstvo evoluiralo od majmuna. U potpunoj suprotnosti, Biblija nam govori da je Bog stvorio čovjeka. Ako vjeruješ u svemogućeg Boga, moraš odabrati i slijediti da je Bog uzrok stvaranja čak i ako si u školi učio teoriju evolucije.

Samo kada se okreneš od teorije evolucije koja se uči u školama prema teoriji da je Bog stvoritelj, možeš posjedovati duhovnu vjeru. U suprotnom, sve teorije te remete od posjedovanja duhovne vjere jer je nemoguće vjerovati da je nešto nastalo ni iz čega unutar teorije evolucije. Na primjer, čak i sa razvojem znanosti ljudi ne mogu napraviti sjeme života, spermu i jaje. Onda, kako je moguće vjerovati da je nešto nastalo ni iz čega osim ako nije unutar duhovne vjere?

Prema tome, mi moramo odbiti te argumente i teorije i svaku ponosnu i uzvišenu stvar koja stane protiv pravog znanja Boga i učiniti svaku stvar zarobljenikom i unutar poslušnosti Krista.

Duša prati tjelesne misli i ne sluša

Saul je bio prvi kralj Izraela, ali on nije živio prema volji Boga. On je došao na tron jer su ljudi zahtijevali. Bog mu je zapovjedio da napadne Amalek i potpuno uništi sve što je on imao, da ubije i čovjeka, ženu, djecu i bebe, volove i ovce, deve i majmune i da ništa ne poštedi. Kralj Saul je porazio Amalečane i trijumfirao je. Ali on nije poslušao zapovijed Boga, nego je poštedio najbolje ovce i volove.

Saul je djelovao prema tjelesnim mislima i poštedio Agaga i najbolje ovce, volove, tovljenike, janjad i sve što je bilo dobro sa željom da ih žrtvuje Bogu. On nije bio voljan potpuno ih sve uništiti. Ovaj akt je bio neposluh i arogancija u vidu Boga. Bog mu je ponovno prišao zbog njegovih pogrešaka kroz proroka Samuela tako da se on može pokajati i okrenuti. Ali, kralj Saul je činio izlike i insistirao na svojoj pravednosti (1. Samuelova 15:2-21).

Danas postoje mnogi vjernici koji djeluju kao Saul. Oni ne shvaćaju svoj očiti neposluh, oni niti ne shvaćaju kada ih se prekorava. Umjesto toga oni čine izlike i insistiraju na svojem načinu prema svojim tjelesnim mislima. Na kraju oni su ljudi neposluha koji djeluju prema tijelu kao Saul. Budući da je svih 100 od 100 ljudi različito u svojem mišljenju, ako oni djeluju prema svojim mislima, oni ne mogu postati ujedinjeni. Ako oni djeluju prema svojim mislima postat će neposlušni. Ali ako oni djeluju prema istini Boga, oni će moći slušati i ujediniti se.

Bog je poslao proroka Samuela Saulu. Saul nije poslušao Njegovu riječ i prorok je rekao Saulu, "Jer neposlušnost je tako zla kao grijeh vračanja, nepokornost tako zla kao idolopoklonstvo, jer si prezreo zapovijed Gospodnju, odbacuje on tebe kao kralja"

(1. Samuelova 15:23).

Isto tako, ako se netko pouzda u ljudske misli i ne slijedi volju Boga, to je neposluh prema Bogu i ako on ne shvati svoj neposluh i ne okrene se od njega, nema drugog izbora nego da ga se Bog odrekene kao Saula.

U 1. Samuelovoj 15:22 Samuel je prekoravao Saula govoreći, "Zar su ugodnije Gospodu žrtve paljenice i zaklanice od poslušnosti prema zapovijedima Gospodnjim? Eto, poslušnost je bolja od žrtve, pokornost bolja od pretiline ovnujske." Bez obzira koliko se tvoje misli činile ispravnima, ako one idu protiv riječi Boga, ti se moraš odmah pokajati i okrenuti od njih. U dodatku, ti moraš učiniti svoje misli poslušnima prema volji Boga.

Oci vjere koji su slušali riječ Boga

David je bio drugi kralj Izraela. On nije slijedio svoje vlastite misli od rođenja, nego je hodao samo sa vjerom u Boga. On se nije bojao medvjeda i lavova kada je bio pastir i ponekad se hrvao i pobijedio lavove i medvjede vjerom kojom je štitio stado. Kasnije je samo vjerom pobijedio Golijata, Filistejskog prvaka.

Postojao je incident gdje je David prekršio riječ Boga nakon što je sjeo na tron. Kada ga je prorok prekorio zbog toga, on nije progovorio niti riječi izlike, nego se odmah pokajao i okrenuo i na kraju je postao još više posvećen. Prema tome, postojala je velika razlika između Saula, čovjeka tjelesnih misli i Davida, čovjeka duha (1. Samuelova 12:13).

Dok je bio pastir u pustinji 40 godina, Mojsije je uništio sve vrste misli i teorija i postao ponizan pred Bogom dok ga Bog nije mogao pozvati da izvede Izraelce iz Egipatskog ropstva.

Misleći ljudskim mislima, Abraham je zvao svoju ženu "sestro." Međutim, nakon što je postao čovjek duha kroz iskušenja, on je mogao poslušati čak i zapovijed Boga koja mu govori da žrtvuje svog jedinog sina Izaka kao žrtvu paljenicu. Da je on otkrio čak i malo tjelesnih misli, on ne bi uopće mogao poslušati tu zapovijed. Izak je bio njegov jedini sin kojeg je dobio u svojim kasnijim godinama i također je bio sjeme Božjeg obećanja. Pa, sa ljudskim mislima, moglo bi se smatrati neispravnim i nemogućim izrezati ga na komade kao životinju i prinijeti ga kao žrtvu paljenicu. Abraham nikad nije progovarao nego je vjerovao da ga Bog može vratiti iz mrtvih i on je poslušao (Poslanica Hebrejima 11:19).

Naaman, zapovjednik vojske kralja Arama, kralj ga je jako cijenio i volio, ali on je obolio od kuge i došao je do proroka Elišeja da bi ga ozdravio od bolesti. Iako je donio mnoge poklone da bi iskusio rad Boga, Elišej ga nije pustio unutra, nego mu je njegov sluga rekao, "Idi, okupaj se sedam puta u Jordanu, pa ćeš opet postati zdrav i čist" (2. Kraljevima 5:10). Tjelesnim mislima, Naaman je to smatrao nepristojnim i uvredljivim te je postao gnjevan.

Ali on je uništio svoje tjelesne misli i poslušao zapovijed nakon što je dobio savjet od svojeg sluge. On se uronio u Jordan sedam puta i njegovo se tijelo obnovilo i postalo čisto.

Voda simbolizira riječ Boga a broj "7" savršenost, pa "uranjanje u Jordan 7 puta" znači "postati potpuno posvećen sa riječi Boga." Kada postaneš posvećen, možeš primiti rješenje na bilo kakvu vrstu problema. Prema tome, kada je Naaman poslušao riječ Boga koju je prorekao prorok Elišej, veličanstven rad Boga se dogodio na njemu (2. Kraljevima 5:1-14).

Jednom kad odbaciš ljudske misli i teorije ti možeš slušati

Jakob je bio lukav i imao je svakakve vrste misli, pa je on pokušao ostvariti svoju volju sa različitim shemama. Kao rezultat, on je patio od mnogo poteškoća 20 godina. Na kraju je pao u nepriliku pored Jaboka. On se nije mogao vratiti u kuću svojeg ujaka zbog zavjeta kojeg je učinio sa svojim ujakom niti je mogao ići naprijed zbog svojeg starijeg brata, Ezava, koji ga je čekao na drugoj strani rijeke da bi ga ubio. U toj očajnoj situaciji njegova samopravednost i sve tjelesne misli su potpuno uništene. Bog je pokrenuo Ezavo srce i on se pomirio sa svojim bratom. Na ovaj način Bog je otvorio put života tako da Jakob može ispuniti providnost Boga (Postanak 33:1-4).

Bog kaže u poslanici Rimljanima 8:5-7 piše, "Jer koji su po tijelu, tjelesno misle, a koji su po Duhu, duhovno misle. Jer mudrost tijela smrt je, a mudrost Duha život je i mir, Jer mudrost tijela neprijateljstvo je Bogu, jer se ne pokorava zakonu Božjemu, a niti može, a koji su u tijelu, ne mogu ugoditi Bogu." Zato mi moramo uništiti svaku opciju, svaku teoriju i svaku misao koja je podignuta protiv znanja Boga. Mi moramo zarobiti svaku misao u poslušnosti Krista tako da mi možemo dobiti duhovnu vjeru i pokazivati djela poslušnosti.

Isus nam daje novu zapovijed po Mateju 5:39-42, "A ja vam kažem, ne opirite se zlu, nego ako te tko udari po desnom obrazu, obrni mu i drugi. Hoće li tko da se pravda s tobom i košulju tvoju da uzme, pusti mu i kabanicu! Primora li te tko da ideš s njim jednu milju daleko, idi s njim dvije! Tko te moli, podaj mu; tko hoće da uzajmi od tebe, ne odbijaj ga!" Sa ljudskim mislima ti ne možeš poslušati tu zapovijed jer one idu protiv riječi istine. Ali ako uništiš ljudske i tjelesne misli, ti ih možeš poslušati sa radosti i Bog će uzrokovati da ti sve ide dobro kroz tvoju poslušnost.

Bez obzira koliko puta ti iskažeš svoju vjeru svojim usnama, osim ako ne staviš svoje misli i teorije u ništavilo, ti ne možeš slušati niti iskusiti rad Boga ni biti vođen do prosperiteta i uspjeha.

Ja te potičem da držiš na umu riječi Boga koje su zapisane u Izaiji 55:8-9 koje govore, "Jer misli moje nijesu vaše misli, i putovi vaši nijesu moji putovi", veli Gospod. Ne, kako je nebo visoko nad zemljom, tako su putovi moji visoki nad vašim putovima i misli moje nad vašim mislima."

Moraš izbjegavati sve tjelesne misli i ljudske teorije i umjesto toga posjedovati duhovnu vjeru kao centurion kojeg je Isus pohvalio za njegovo potpuno oslanjanje na Boga. Kada je centurion došao do Isusa i pitao Ga da ozdravi njegovog slugu čije je cijelo tijelo bilo paralizirano od moždanog udara, on je ispovjedio sa vjerom da će njegov sluga ozdraviti ako Isus samo kaže riječ. On je primio odgovor kako je vjerovao. Na isti način, ako ti imaš duhovnu vjeru, ti možeš primiti odgovore na sve svoje molitve i upite i potpuno dati slavu Bogu.

Riječ istine Boga pretvara duh čovječanstva i omogućava mu imati vjeru popraćenu djelima. Ti možeš primiti Božje odgovore sa takvim životom i duhovnom vjerom. Neka svatko od vas uništi sve tjelesne misli i ljudske teorije te posjeduje duhovnu vjeru tako da možete primiti sve što ste pitali vjerom i slavljenjem Boga.

Poglavlje 4

Posij sjeme vjere

Poslanica Galaćanima 6:6-10

A koji se uči riječi, neka dijeli od svakoga dobra onome, koji ga uči! Ne varajte se: "Bog se ne da ružiti, jer što čovjek posije, ono će i požeti. Jer koji sije u tijelo svoje, od tijela će požeti propast; a koji sije u duh, od duha će požeti život vječni. A dobro činiti, neka nam ne dodija, jer ćemo u svoje vrijeme požeti, ako ne sustanemo. Zato dakle, dok imamo vremena, činimo dobro svima, a osobito onima, koji su s nama u vjeri!"

Isus nam obećava po Marku 9:23, "Što se tiče mogućnosti? Sve je moguće onome, koji vjeruje." Pa kada je centurion došao do Njega i pokazao tako veliku vjeru, Isus mu je rekao, "neka ti bude, kako si vjerovao" (Po Mateju 8:13) i sluga je ozdravio taj isti trenutak.

To je duhovna vjera koja nam dopušta vjerovati u nešto što se ne može vidjeti. I to je također vjera popraćena djelima koja nam omogućava otkriti našu vjeru popraćenu djelima. To je vjera sa kojom se može vjerovati da je nešto stvoreno ni iz čega. Zato je vjera definirana kao slijedeće u Poslanici Hebrejima 11:1-3: A vjera je tvrdo pouzdanje u ono, čemu se nadamo, osvjedočenje o onom, što ne vidimo. Jer u njoj stari postigoše sjajno svjedočanstvo. Vjerom poznajemo, da je svijet riječju Božjom zgotovljen, tako da iz nevidljiva postade vidljivo."

Ako ti imaš duhovnu vjeru, Bog će se radovati u tvojoj vjeri i dopustiti ti primiti sve što pitaš. Što onda moramo raditi da bismo imali duhovnu vjeru?

Baš kao što ratar sije u proljeće i bere plodove u jesen, mi moramo sijati sjeme vjere da bismo imali plodove duhovne vjere.

Pogledajmo sada kako sijati sjeme vjere kroz parabole sijanja sjemena i branja plodova sa polja. Isus je govorio ljudima u prispodobama i On im nije govorio bez korištenja prispodobi (Po Mateju 13:34). To je zašto je Bog duh a mi, koji živimo u fizičkom svijetu kao ljudska bića, ne možemo razumjeti duhovni svijet Boga. Samo kada smo mi naučeni o duhovnom svijetu kroz prispodobe fizičkog svijeta, moći ćemo razumjeti pravu volju Boga. Zato ću ti ja objasniti kako sijati sjeme vjere i kako imati duhovnu vjeru sa istim prispodobama obrađivanja polja.

Posij sjeme vjere

1) Prvo, moraš imati čisto polje.

Iznad svega, ratar treba polje da bi sijao sjeme. Da bi napravio svoje polje dobrim, ratar mora primijeniti ispravno gnojivo, preorati, izvaditi kamenje i pokidati grude zemlje u komadiće u procesu kultiviranja uključujući oranje i drljanje. Samo će tada, sjeme koje je posijano u polju dobro rasti i proizvesti žetvu sa mnogo dobrih plodova.

U Bibliji Isus nas je upoznao sa četiri vrste polja. Polje se odnosi na srce čovjeka. Prva kategorija je polje pored puta u kojem sjeme ne može niknuti jer je pretvrdo; drugo je kamenito tlo u kojem sjeme teško klija ili par klica teško raste zbog kamenja u tlu; treće je trnovito tlo u kojem sjeme klija ali ne uspijeva dobro rasti ili rađati dobar plod jer ih trnje guši; zadnje i četvrto je dobro polje gdje sjeme klija, dobro raste, proizvodi cvijet i rađa mnoge plodove.

Na isti način, polje srca čovjeka se kategorizira u četiri vrste; prvo je srce polja pored puta u kojem oni ne mogu razumjeti riječ Boga; drugo je srce kamenitog polja u kojem oni primaju riječ Boga ali ne uspijevaju kada iskušenja ili progoni dođu; treće je srce trnovitog polja koje je brige svijeta i varljivost bogatstva guši riječ Boga i sprječava te ljude koji slušaju u rađanju plodova; zadnje i četvrto je srce dobrog polja u kojem oni razumiju Božju riječ i rađaju dobre plodove. Ali bez obzira kakvo polje srca ti imaš, ako kultiviraš i čistiš svoje polje srca kao što se ratar muči i znoji u svojem polju, tvoje polje srca se može pretvoriti u dobro. Ako je tvrdo, ti ga moraš okrenuti i učiniti glatkim; ako je kamenito, ti moraš izvaditi kamenje; ako je trnovito, ti moraš odstraniti trnje i tada moraš učiniti dobro tlo nanošenjem "gnojiva."

Ako je ratar lijen, on ne može očistiti polje i učiniti ga dobrim, dok marljiv ratar čini najbolje što može i čisti zemlju da bi učinio dobro polje. I onda kako se pretvori u dobro polje, ono proizvodi bolje plodove.

Ako imaš vjere, ti ćeš pokušavati najbolje što možeš promijeniti svoje srce u dobro radom i znojem. Onda, da bi razumio riječ Boga, učinio svoje srce dobrim i rađao mnoge plodove, ti se moraš patiti i odbaciti grijehe do točke prolijevanja krvi. Pa, sa marljivim odbacivanjem svojih grijeh i zla prema riječi Boga baš kao što nam Bog zapovijeda da odstranimo svaki oblik zla, ti možeš odstraniti svaki kamen iz polja svojeg srca, odstraniti korov i promijeniti svoje srce u dobro polje.

Ratar marljivo radi jer on vjeruje da će obilno žeti žetvu ako ore, drlja, obrađuje tlo i mijenja tlo u dobro. Na isti način, ja želim da vjeruješ da ako kultiviraš i mijenjaš polje svojeg srca u dobro, boravit ćeš u ljubavi Boga, biti vođen do uspjeha i prosperiteta, te ući u bolje mjesto na nebu, mučiti se protiv i odstraniti svoje grijehe do točke prolijevanja krvi. Onda, u tvojem će srcu biti posađeno sjeme duhovne vjere i ti ćeš rađati mnoge plodove koliko god si sposoban.

2) Sljedeće, sjeme je potrebno.

Nakon čišćenja polja, ti moraš posijati sjeme i pomoći

sjemenu niknuti. Ratar sije razne vrste sjemena i bere obilne plodove raznih vrsta kao što su kupus, salata, bundeve, zeleni i crveni grah, i slično.

Na isti način, mi moramo sijati razne vrste sjemena u naše polje srca. Riječ Boga nam govori da se uvijek radujemo, molimo bez prestanka, dajemo hvalu u svemu, dajemo cijelu desetinu, držimo dan Gospodnji svetim i volimo. Kada su te riječi Boga posađene u tvoje srce, one će niknuti, izbaciti pupove i rasti proizvodeći duhovno voće. Ti ćeš moći živjeti prema riječi Boga i imati duhovnu vjeru.

3) Voda i sunce su potrebni.

Da bi ratar požeo dobru žetvu, nije dovoljno imati čisto polje i pripremiti sjeme. Voda i sunce su također potrebni. Samo tada, sjeme će niknuti i dobro rasti.
 Što voda predstavlja?
 Isus govori po Ivanu 4:14, "A koji pije od vode, koju ću mu ja dati, neće ožednjeti dovijeka. Nego voda, što ću mu ja dati, bit će u njemu izvor vode, što teče u život vječni." Voda se duhovno odnosi na "voda što teče u život vječni" i vječna voda se odnosi na riječ Boga kao što je zapisano po Ivanu 6:63, "Riječi, koje vam

ja rekoh, jesu duh i život." Zato Isus govori po Ivanu 6:53-55, "Zaista zaista, kažem vam: ako ne jedete tijela Sina čovječjega i ne pijete krvi njegove, nemate života u sebi. Tko jede tijelo moje i pije krv moju, ima život vječni, i ja ću ga uskrsnuti u posljednji dan. Jer je tijelo moje pravo jelo i krv moja pravo piće." Prema tome, samo kada ti marljivo čitaš, slušaš i meditiraš o riječi Boga i iskreno se moliš, ti ćeš moći ići na put vječnog života i imati duhovnu vjeru.

Sljedeće, što znači sunce?

Sunce pomaže sjemenu ispravno niknuti i dobro rasti. Na isti način, ako riječ Boga uđe u tvoje srce, onda riječ koja je svjetlo tjera tamu iz tvog srca. Ona čisti tvoje srce i pretvara polje srca u dobro. Pa, ti možeš posjedovati duhovnu vjeru do mjere u kojoj svjetlo istine ispunjava tvoje srce.

Kroz prispodobu ratarstva, mi smo naučili da moramo imati čisto polje srca, pripremiti dobro sjeme, imati dobru vodu i sunce kako je sjeme vjere posađeno. Slijedeće, pogledajmo kako zasaditi sjeme vjere i kako ga rasti.

Kako zasaditi i rasti sjeme vjere

1) Prvo, ti moraš sijati sjeme vjere prema Božjem načinu.

Ratar sije sjeme različito prema vrsti sjemena. Neko sjeme sadi duboko u tlo, dok drugo sjeme sadi plitko. Na isti način, moraš razlikovati načine sijanja sjemena vjere sa riječi Boga. Na primjer, kada ti siješ molitve, ti moraš zavapiti iskrenim srcem na redovitoj osnovi klečeći kao što je objašnjeno prema riječi Boga. Samo tada ćeš moći primiti Božje odgovore (Po Luki 22:39-46).

2) Drugo, ti moraš sijati sa vjerom.

Baš kao što je ratar marljiv i strastven kada sije sjeme, jer on vjeruje i nada se da će moći žeti, ti moraš sijati sjeme vjere- riječ Boga- sa radosti i nadom da će ti Bog dopustiti obilno žeti. Pa, u 2. poslanica Korinćanima 9:6-7 On nas ohrabruje govoreći, "A ovo velim: Tko oskudno sije, oskudno će i žeti; a tko u blagoslovima sije, u blagoslovima će i žeti. Svaki, kako je odlučio u srcu, a ne sa žalošću ili od nevolje, jer Bog ljubi vesela darovatelja."

Zakon je ovog svijeta i zakon duhovnog svijeta da bismo trebali požeti što smo posijali. Pa, koliko god tvoja vjera raste, tvoje polje srca će postajati bolje. Kako ti siješ više, žeti ćeš više. Prema tome, kakvu god vrstu sjemena ti siješ ti moraš sijati sa vjerom, zahvalnosti i radosti tako da možeš žeti obilan plod.

3) Treće, ti moraš dobro paziti na klijajuće sjeme.

Nakon što je ratar pripremio zemlju i posijao sjeme, on mora navodnjavati biljke u sezoni, spriječiti štetu od crva i kukaca šireći insekticid, nastaviti gnojiti polje, te čupati korov. U suprotnom biljke će uvenuti i neće rasti. Kada je riječ Boga zasađena, ona se mora održavati da bi se držalo neprijatelja vraga i Sotonu podalje. Osoba mora kultivirati vatrenim molitvama, držati sa radosti i zahvalnosti, ići na misna slavlja, sudjelovati u kršćanskom prijateljstvu, čitati, slušati riječ Boga i služiti. Tada posijano sjeme može niknuti, procvjetati i nositi plodove.

Proces u kojem cvijet izlazi i plodovi se rađaju

Ako se ratar ne brine o sjemenu nakon sijanja, crv će pojesti sjeme, korov će uspijevati i neće dati sjemenu rasti i rađati plodove. Ratar se ne bi trebao umoriti od svojeg posla nego strpljivo odgajati biljke dok on ne ubire dobar i obilan plod. Kada ispravno vrijeme dođe, sjeme raste, cvijeta i u konačnici rađa plodove kroz pčele i leptire. Kada plodovi sazriju, ratar konačno može radosno ubirati dobre plodove. Kako će on biti radostan kada se sav rad i strpljivost pretvori u dobre i vrijedne plodove sa žetvom od sto, šezdeset, ili trideset puta što je posijao!

1) Prvo, duhovni cvijet procvjeta.

Što znači, "Sjeme vjere raste i duhovni cvjetovi izlaze"? Ako cvijetovi procvjetaju, oni odaju miris, miris dovodi pčele i leptire. Na isti način, kada mi sijemo sjeme riječi Boga u naše polje srca i mi pazimo na njih, do mjere u kojoj živimo prema riječi Boga mi možemo dobiti duhovne cvijetove i proširiti miris Krista. U dodatku mi smo u mogućnosti odigrati ulogu svjetla i soli svijeta tako da mnogi ljudi mogu vidjeti naše dobre radove i slaviti našeg nebeskog Oca (Po Mateju 5:16).

Ako ti širiš miris Krista, neprijatelj vrag će biti protjeran i ti ćeš moći slaviti Boga u svojoj kući, poslu ili radnom mjestu. Bilo da jedeš ili piješ ili radiš bilo što, ti možeš slaviti Boga. Kao rezultat, ti ćeš roditi plod evangelizma, ostvariti kraljevstvo i pravednost Boga i promijeniti se u čovjeka duha čišćenjem svojeg polja srca u dobro.

2) Slijedeće, plodovi su rođeni i sazrijevaju.

Nakon što cvjetovi procvjetaju, plodovi se počinju rađati i

kada plod sazrije, ratar ga ubire. Ako to primijenimo na našu vjeru, kakvu vrstu ploda mi možemo roditi? Mi možemo rađati razne vrste Duha Svetog uključujući devet plodova Duha Svetog kao što je zapisano u Poslanici Galaćanima 5:22-23, plodove Blaženstva po Mateju 5, i plodove duhovne ljubavi kao što je zapisano u 1. poslanici Korinćanima 13.

Kroz čitanje Biblije i slušanje riječi Boga, mi možemo preispitati jesmo li mi proizveli cvijetove i rodili plodove, te koliko su plodovi sazrijeli. Kada su plodovi potpuno sazrijeli, mi ih možemo ubrati u bilo koje vrijeme i uživati u njima po potrebi. Psalam 37:4 govori, "Imaj svoju radost u Gospodu; on će ti ispuniti što ti želi srce!" To je isto kao postaviti milijarde dolara na račun u banci i bili u mogućnosti trošiti taj novac na bilo kakav način.

3) Posljednje, ti ćeš požeti kako si posijao.

Bilo u sezoni, ratar ubire što je posijao i on bere to svake godine. Ovdje količina njegove žetve se razlikuje prema tome koliko je on posijao, koliko se revno i vjerno brinuo za sjeme.

Ako si sijao u molitvi, tvoj duh će uspijevati, a ako si sijao u odanosti i službi, ti će uživati dobro zdravlje u duhu i tijelu. Ako si marljivo sijao u financijama, ti ćeš uživati u financijskom blagoslovu i pomoći siromašnima milostinjom koliko god želiš. Bog nam obećava u Poslanici Galaćanima 6:7, "Ne varajte se: 'Bog se ne da ružiti, jer što čovjek posije, ono će i požeti.'"

Mnogi dijelovi Biblija podupiru to obećanje Boga govoreći da će čovjek požeti što je posijao. U sedamnaestom poglavlju 1. Kraljevima postoji priča o udovici koja živi u Sarfatu. Jer nije bilo kiše u zemlji i potok se sasušio, ona i njen sin su bili na točki gladovanja. Ali ona je posijala šaku brašna u zdjelici sa malo ulja iz vrča za Iliju, čovjeka Boga. U to vrijeme kada je hrana bila vrijednija od zlata, to je bilo nemoguće za nju bez vjere. Ona je vjerovala i uzdala se u riječ Boga koja joj je obećana kroz Iliju i sijala je vjerom. Bog joj je dao veličanstven blagoslov u zamjenu za njenu vjeru i onda, njen sin i Ilija su mogli jesti dok duga glad konačno nije završila (1. Kraljevima 17:8-16).

Po Marku 12:41-44 upoznajemo se sa siromašnom udovicom koja je stavila dva mala bakrena novčića, koja su vrijedna jedan cent, u blagajnu. Kakav je veliki blagoslov primila kada ju je Isus pohvalio zbog toga!

Bog je postavio zakon duhovnog svijeta i govori nam da ćemo požeti što smo posijali. Ali ja te potičem da se sjetiš da je ruganje

Bogu žeti što nisi posijao. Moraš vjerovati da će ti Bog dopustiti požeti sto, šezdeset ili tridesetu puta više od onog što si posijao.

Kroz prispodobu o rataru, mi smo pogledali kako saditi sjeme vjere i kako ih odgajati da bismo posjedovali duhovnu vjeru. Sada ja želim da ti povratiš svoje polje srca i učiniš ga dobrim. Posij sjeme vjere i kultiviraj ga. Prema tome, ti moraš sijati što je više moguće i odgajati ih sa vjerom, nadom i strpljivosti tako da možeš primiti blagoslove sto, šezdeset ili trideset puta više. Kada ispravno vrijeme dođe, ti ćeš žeti plodove i dati veliku slavu Bogu.

Neka svatko od vas vjeruje u svaku riječ Biblije i sije sjeme vjere prema učenjima riječi Boga tako da možete roditi obilne plodove, slaviti Boga i uživati u svim vrstama blagoslova!

Poglavlje 5

"Ako možeš?"
Sve stvari su moguće!"

Po Marku 9:21-27

Tada [Isus] upita oca njegova: "Kako već dugo ima on to?" On odgovori: "Od djetinjstva. Često ga je već bacao u oganj i u vodu, da ga pogubi. Ako ti što možeš, smiluj nam se i pomozi nam!" Isus mu reče: "Što se tiče mogućnosti, Sve je moguće onome, koji vjeruje." Odmah povika otac dječakov sa suzama: "Vjerujem, pomozi mojemu nevjeru!" Kad vidje Isus, da se narod sve više stječe, zaprijeti duhu nečistome i reče mu: "Duše nijemi i gluhi! Ja ti zapovijedam: "Izađi iz njega i ne vraćaj se više nikada natrag u njega! Povikavši i izlomivši ga vrlo izađe. On je ležao kao mrtav, tako da su mnogi rekli: "Mrtav je." Isus ga uhvati za ruku i uspravi ga. Tada on ustade.

Ljudi pohranjuju iskustva svog života u utiske svega kroz što prođu uključujući sreću, tugu i bol. Mnogi od njih se nekad susretnu i pate od teških problema koje ne mogu riješiti suzama, izdržljivošću niti uz pomoć drugih.

To su problemi bolesti koje se ne mogu izliječiti kroz modernu medicinu; mentalni problemi od stresa života koji se ne mogu popraviti nikakvom filozofijom ili psihologijom; problemi kuće ili dijece koji se ne mogu riješiti ni najvećim bogatstvom; problemi u poslu i financijama koji se ne mogu popuniti nikakvim trudom. Ta lista se nastavlja. Tko može riješiti sve ove probleme?

Po Marku 9:21-27 pronalazimo razgovor Isusa i oca djeteta koje je bilo zaposjednuto zlim duhovima. Dijete je ozbiljno patilo jer je bilo gluhonijemo i imalo je epileptične napadaje. Često se bacao u vodu i vatru jer je bio zaposjednut demonima. Kada su ga demoni uhvatili bacili bi ga na zemlju i zapjenili usta te stisnuli zube.

Pogledajmo kako je otac primio rješenje problema od Isusa.

Isus je prigovorio ocu zbog njegove nevjere

Dijete je bilo gluho i nijemo od rođenja tako da nije mogao nikoga čuti i imao je poteškoća u komunikaciji. Često ga je mučila epilepsija i imao je simptome grčeva. Zbog toga je otac morao živjeti usred patnje i tjeskobe te nije imao nadu u životu.

Otac je čuo vijest o Isusu koji je oživio mrtve, izliječio svakakve bolesti, slijepci su progledali te je izvršavao razna čuda. Vijesti su usadile nadu u očevo srce. Mislio je, "Ako ima takve moći za koje sam čuo, možda će moći izliječiti i mog sina od njegovih bolesti." Sumnjao je da je moguće da se dogodi izlječenje njegova sina. Samo s ovim očekivanje je doveo sina pred Isusa i zamolio ga govoreći, "Ako možeš nešto učiniti, smiluj nam se i pomozi nam!"

Kada ga je Isus čuo, ukorio je njegovu nevjeru govoreći mu, "'Ako možeš?' Sve je moguće onome, koji vjeruje." To je bilo zato što je otac čuo o Isusu, ali nije vjerovao u Njega iz srca.

Da je otac vjerovao da je Isus Sin Boga i Svemoćan te da mu je sve moguće nikada Mu ne bi, "Ako možeš učiniti nešto, smiluj nam se i pomozi nam!"

Bez vjere nije moguće zadovoljiti Boga, a bez duhovne vjere

nije moguće primiti odgovore. Kako bi pomogao ocu da shvati tu činjenicu Isus je rekao ocu, "Ako možeš?" i prekorio ga da nije potpuno vjerovao.

Kako imati potpunu vjeru

Kada vjeruješ u ono što se ne može vidjeti, Bog može prihvatiti tvoju vjeru i ta se vjera naziva "duhovna vjera, " "prava vjera, " "živuća vjera" ili "vjera koju slijede djela." Uz ovu vjeru možeš vjerovati da je nešto napravljeno ni iz čega. Zato što je vjera je tvrdo pouzdanje u ono, čemu se nadamo, osvjedočenje o onom, što ne vidimo (Poslanica Hebrejima 11:1-3).

Moraš u srcu vjerovati u put križa, uskrsnuće, povratak Gospoda, stvorenje Boga i čuda. Tek tada imaš potpunu vjeru. Kada ispovijedaš vjeru svojim usnama to je prava vjera.

Postoji tri uvjeta za potpuno posjedovanje potpune vjere.

Kao prvo, mora se uništiti barijera od grijeha protiv Boga. Ako postoji barijera od grijeha, moraš ju uništiti kajući se za grijehe. Uz to, moraš se boriti protiv svojih grijeha do točke prolijevanja krvi i izbjegavati svaki oblik zla tako da ne činiš nikakav grijeh. Ako mrziš grijehe do točke da te muči sama pomisao na grijehe i postaješ nervozan i tjeskoban na pogled grijeha, kako bi se usudio griješiti? Umjesto života u grijehu možeš komunicirati s Bogom i posjedovati potpunu vjeru.

Drugo, moraš slijediti volju Boga. Kako bi slijedio volju Boga prvo moraš potpuno razumjeti što je volja Boga. Tada što god da osobno želiš, ukoliko to nije volja Boga, ne bi to trebao činiti. U drugu ruku, što god da ne želiš učiniti, ukoliko je to volja Boga, moraš to učiniti. Kada slijediš Njegovu volju svim svojim srcem, iskreno, snagom i mudrosti, On ti daje potpunu vjeru.

Treće, moraš udovoljiti Bogu s ljubavlju prema Njemu. Ako činiš sve za slavu Boga, bilo da jedeš ili piješ ili što god da činiš i ako udovoljavaš Bogu čak žrtvovanjem sebe, posjedovat ćeš potpunu vjeru. To je vjera koja čini nemoguće mogućim. S potpunom vjerom ne samo da vjeruješ u ono što vidiš i što je moguće ostvariti vlastitom snagom nego i ono što se ne vidi i što je nemoguće za ljudske mogućnosti. Stoga kada ispovijedaš potpunu vjeru sve što je nemoguće je napravljeno mogućim.

U skladu s time, riječ Boga koja kaže, "'Ako možeš?' Sve je moguće onome koji vjeruje" će doći na tebe i moći ćeš Ga slaviti u svemu što radiš.

Sve je moguće onome koji vjeruje

Kada ti je dana potpuna vjera, sve ti je moguće i možeš primiti rješenje za svakakve probleme. U kojim područjima možeš doživjeti snagu Boga koji čini nemoguće mogućim? Pogledajmo tri aspekta.

Prvo polje od tri je problem bolesti.

Pretpostavimo da boluješ od bakterijske ili virusne infekcije. Ako pokažeš vjeru i pun si Duha Svetog, vatra Duha Svetog će spaliti te bolesti i bit ćeš izlječen. Detaljnije, ako se pokaješ za svoje grijehe i okreneš se od njih možeš biti izlječen kroz molitve. Ako si početnik u vjeri moraš otvoriti svoje srce i slušati riječ Boga dok ne budeš mogao pokazati svoju vjeru.

Slijedeće, ako si pogođen ozbiljnim bolestima koje se ne mogu izliječiti medicinskim tretmanima, moraš pokazati dokaz velike vjere. Tek kada se temeljito pokaješ za svoje grijehe ribajući svoje srce i privineš se uz Boga kroz suzne molitve, možeš se izliječiti. Ali oni koji imaju slabu vjeru ili oni koji su tek počeli dolaziti u crkvu ne mogu biti izliječeni dok ne dobiju duhovnu vjeru i ako ta vjera dođe na njih, djela liječenja se mogu događati malo po malo.

Na kraju, fizičke deformacije, abnormalnosti, šepavost, gluhoća, mentalni i fizički hendikep i nasljedni problemi se ne mogu riješiti bez snage Boga. Oni koji pate od takvih uvjeta moraju pokazati svoju iskrenost pred Bogom i prikazati dokaz vjere da vole i udovoljavaju Bogu tako da ih Bog može priznati i liječenje se može dogoditi kroz snagu Boga.

Ta djela liječenja se mogu dogoditi samo kada pokažu djela vjere baš kao što je slijepi prosjak Bartimej povikao Isusu (po Marku 10:46-52), centurio koji je pokazao veliku vjeru (po Mateju 8:6-13) i invalid i njegova četiri prijatelja koji su pokazali dokaz svoje vjere pred Isusom (po Marku 2:3-12).

Drugo polje je problem financija.

Ako pokušaš riješiti problem financija svojim znanjem, načinima i iskustvom bez pomoći Boga problem se može riješiti samo u skladu sa tvojim mogućnostima i pokušajima. Međutim, ukoliko odbaciš svoje grijehe, slijediš volju Boga i posvetiš problem Bogu vjerujući da će te Bog povesti Svojim putem tada će tvoja duša uspjeti, sve će dobro proći i ti ćeš uživati dobro zdravlje. Nadalje, budući da hodaš u Duhu Svetom, primit ćeš

Božje blagoslove.

Jakov je slijedio ljudske načine i mudrosti u svom životu dok se nije hrvao s Božjim anđelom kod Jaboka. Anđeo je dotaknuo zglob njegovog bedra i zglob bedra se isčašio. U ovom hrvanju sa anđelom Boga, on se podčinio Bogu i ostavio sve Njemu. Od tog vremena on je primio blagoslove jer je Bog sa njim. Na isti način, ako ti voliš Boga, udovoljiš Mu i predaš sve u Njegove ruke, sve će ti ići dobro.

Treće je u pogledu kako primiti duhovnu snagu.

Mi pronalazimo u 1. poslanici Korinćanima 4:20 da se kraljevstvo Boga ne sastoji u riječima nego u moći. Moć postaje već koliko god mi posjedujemo potpunu vjeru. Moć Boga dolazi na nas različito prema mjeri naše molitve, vjere i ljubavi. Radovi čuda Boga, koja su na većem nivou od darova ozdravljenja, mogu izvoditi samo oni koji prime Božju moć kroz molitve i post.

Prema tome, ako ti posjeduješ potpunu vjeru, nemoguće će biti moguće za tebe i ti možeš hrabro ispovjediti "Ako ti možeš? Sve je moguće onome, koji vjeruje."

"Vjerujem, pomozi mojemu nevjeru!"

Postoji proces koji je potreban da bi primio riješenje na bilo kakvu vrstu problema.

Prvo, da bi započeo proces ti moraš dati pozitivnu ispovijed sa svojim usnama.

Postojao je otac koji je bio na mukama dugo vremena jer je njegov sin bio obuzet zlim duhovima. Kada je otac čuo o Isusu, on je imao žudnju u srcu vidjeti Ga. Kasnije je otac doveo svojeg sina do Isusa očekujući da će možda postojati šansa za ozdravljenjem njegova sina. Iako nije imao uvjerenje, on je pitao Isusa da ozdravi njegova sina.

Isus ga je prekorio govoreći, "Ako ti možeš!" Ali onda ga je potaknu govoreći, "Sve je moguće onome, koji vjeruje." Na te riječi poticaja, otac je zavapio i rekao, "Vjerujem, pomozi mojemu nevjeru!" Prema tome, on je učinio pozitivnu ispovijed pred Isusom.

Jer je on čuo samo sa svojim ušima da su sve stvari moguće sa Isusom, on je to shvatio sa svojim mozgom i ispovjedio svoju vjeru sa svojim usnama, ali on nije ispovjedio vjeru sa kojom bi mogao vjerovati iz svojeg srca. Iako je on imao vjeru kao znanje, njegova pozitivna ispovijed je postala poticaj duhovne vjere i dovela ga do primanja odgovora.

Slijedeće, ti moraš imati duhovnu vjeru koja te tjera vjerovati iz svojeg srca.

Otac demonom opsjednutog djeteta je željno žudio primiti duhovnu vjeru i rekao je Isusu, "Vjerujem, pomozi mojemu nevjeru" (Po Marku 9:23). Kada je Isus čuo očev zahtjev, On je znao iskrenost očevog srca, istinitu, iskrenu molitvu i vjeru, te mu je On dao duhovnu vjeru da bi mu dopustio vjerovati iz srca. Prema tome, jer je otac dobio duhovnu vjeru, Bog je mogao raditi za njega i on je primio odgovor od Boga.

Tada mu je Isus zapovjedio po Marku 9:25, "Duše nijemi i gluhi! Ja ti zapovijedam: Izađi iz njega i ne vraćaj se više nikada natrag u njega" zli duh je izašao.

U jednoj riječi, otac djeteta nije mogao primiti Božji odgovor sa tjelesnom vjerom koje je uskladištena samo kao znanje. Ali, čim je dobio duhovnu vjeru, Božji odgovor je odmah došao.

Treća točka u procesu je zavapiti u molitvi do zadnjeg trenutka primanja odgovora.

U Jeremiji 33:3 Bog nam obećava, "Zazovi me, i odgovorit ću ti i pokazat ću ti velike, nevjerojatne stvari, za koje nijesi znao" i u Ezekielu 36:37 On nas uči, "I to će me zamoliti kuća Izraelova, da im učinim." Kao što je zapisano iznad, Isus, proroci Starog zavjeta i učenici Novog zavjeta su zavapili i molili se Bogu da bi primili Njegove odgovore.

Na isti način, samo kroz vapaje u molitvi ti možeš primiti vjeru koja ti dopušta vjerovati iz srca i samo kroz duhovnu vjeru ti možeš primiti odgovore na molitve i probleme. Ti moraš zavapiti u molitvama dok ne primiš odgovore i onda će nemoguće biti moguće za tebe. Otac demonom opsjednutog djeteta je mogao primiti odgovore jer je zavapio prema Isusu.

Ta priča o ocu demonom opsjednutog djeteta daje nam važnu lekciju o zakonu Boga. Da bismo iskusili riječ Boga govoreći, "'Ako možeš?' Sve su stvari moguće za onoga koji vjeruje," ti moraš okrenuti svoju tjelesnu vjeru u duhovnu vjeru koja ti pomaže imati potpunu vjeru, stajati na stijeni i slušati bez sumnji.

U zaključku, prvo moraš učiti pozitivnu ispovijed sa svojom tjelesnom vjerom koja je uskladištena kao znanje. Onda moraš zavapiti Bogu u molitvama dok ne primiš odgovore. I konačno ti moraš primiti duhovnu vjeru od iznad koja čini moguće da ti vjeruješ iz svojeg srca.

Da bismo ispunili tri uvjeta primanja potpunih odgovora, prvo trebamo uništiti zid grijeha protiv Boga. Slijedeće, pokazati djela vjere sa iskrenosti. Onda pustiti da tvoja duša uspijeva. Koliko god ispuniš ta tri uvjeta, ti ćeš dobiti duhovnu vjeru odozgor i učiti ćeš moguće ono što je nemoguće.

Ako pokušaš činiti stvari sam umjesto predati ih potpuno svemogućem Bogu, ti ćeš imati nevolje i susretati se sa poteškoćama. U suprotnom, ako uništiš ljudske misli koje smatraju da je nemoguće i ostaviš sve Bogu, On će učiniti sve za tebe, što će biti nemoguće?

Tjelesne misli su neprijateljski nastrojene prema Bogu (Poslanica Rimljanima 8:7). One te sprječavaju u vjerovanju i uzrokuju da ti razočaraš Boga čineći negativne ispovijedi. One pomažu Sotoni donositi optužbe protiv tebe i također ti donose testove, iskušenja, probleme i poteškoće. Prema tome, ti moraš pokidati te tjelesne misli. Bez obzira na vrstu problema sa kojima se susrećeš, uključujući probleme uspijevanja tvoje duše, posla, rada, bolesti i obitelji ti moraš sve staviti u ruke Boga. Moraš se pouzdati u svemogućeg Boga, vjerovati da će On učiti nemoguće mogući i uništiti sve vrste tjelesnih misli sa vjerom.

Kada ti učiniš pozitivnu ispovijed govoreći, "ja vjerujem," i moliš se Bogu iz srca, Bog će ti dati vjeru koja ti pomaže vjerovati iz srca i sa tom vjerom On ti daje primiti odgovore na sve vrste problema i slaviti Ga. Kako je to blagoslovljen život!

Neka ti hodaš samo vjerom da bi ostavio kraljevstvo i pravednost Boga, da bi ispunio Veliko poslanje propovijedanja evanđelja svijetu i činio volju Boga koja ti je dana, te učinio nemoguće mogućim kao vojnik križa i svijetlio svjetlo Krista, u ime Isusa Krista ja se molim!

Poglavlje 6

Daniel se pouzdao samo u Boga

Daniel 6:21-23

Daniel odgovori kralju: "Kralju, da si živ dovijeka! Bog moj poslao je anđela svojega. On je zatvorio čeljust lavovima. Oni mi nijesu ništa naudili, jer sam bio nađen pred njim nedužan. I proti tebi, kralju, nijesam učinio nikakve nepravde." Tada se kralj vrlo obradova i zapovjedi, da izvade Daniela iz jame. Kad su bili izvadili Daniela iz jame, ne nađoše ni najmanje ozljede na njemu, jer se je bio pouzdao u Boga svojega.

Kada je bio dijete, Daniel je uzet u Babilonsko ropstvo. Ali kasnije, on je sjedio na poziciji kraljevske naklonosti kao čovjek iza kralja. Jer je on volio Boga do najveće mjere, Bog mu je dao znanje i inteligenciju u svakoj grani pismenosti i mudrosti. Daniel je shvaćao sve vrste vizija i snova. On je bio političar i prorok koji je otkrio moć Boga.

Tijekom cijelog svog života, Daniel nije radio kompromise sa svijetom u službi Bogu. On je prevladao sva iskušenja i testove vjerom mučenika i slavio Boga velikim trijumfima vjere. Što trebamo činiti da bi mi imali istu vjeru koju je on imao?

Pogledamo u to zašto je Daniel, koji je bio odmah iz kralja kao vladar Babilona, bačen u lavlju jazbinu i kako je preživio u lavljoj jazbini bez ijedne ogrebotine na svojem tijelu.

Daniel, čovjek vjere

Za vrijeme vladavine kralja Jeroboama, Ujedinjeno kraljevstvo Izraela je podijeljeno u dva- Južno kraljevstvo Judeja i Sjeverno kraljevstvo Izrael zbog degradacije kralja Solomona (1. Kraljevima 11:26-36). Kraljevi i narodi koji su slušali zapovijedi Boga su uspijevali ali oni koji nisu slušali zakon Boga su uništeni.

U 722. pr. Kr. Sjeverno kraljevstvo Izrael je propalo pod napadima Asirije. U to vrijeme nebrojeni ljudi su odvedeni kao zarobljenici u Asiriju. Južno kraljevstvo Judeja je također napadnuto, ali nije uništeno.

Kasnije je kralj Nabukodonosor napao Južno kraljevstvo Judeju i nakon trećeg pokušaja probio zidove Jeruzalema i uništio hram Boga. To je bilo 586. godine pr. Kr.

U trećoj godini vladavine Jeroboama kralja Judeje, Nabukodonosor, kralj Babilona je došao i opsjeo grad. Na prvi napad, kralj Nabukodonosor je zarobio kralja Jeroboama sa brončanim lancima da bi ga doveo u Babilon i također donio neke stvari iz kuće Boga u Babilon.

Daniel je bio među kraljevskom obitelji i plemićima kao prvi zarobljenici. Oni su živjeli u nevjerničkoj zemlji, ali Daniel je uspijevao dok je služio nekoliko kraljeva- Nabukodonosora i Belšazara, koji su bili kraljevi Babilona, te Darija i Kira koji su bili kraljevi Perzije. Daniel je živio u nevjerničkim zemljama dugo vremena i služio je zemljama kao jedan od vladara odmah nakon kraljeva. Ali on je pokazivao vjeru sa kojom on nije radio kompromise sa svijetom i vodio je trijumfantan život kao prorok Boga.

Nabukodonosor, kralj Babilona je naredio šefu svojih dužnosnika da uvede neke sinove Izraela, uključujući neku kraljevsku obitelj i plemiće, mladiće u kojima nije bilo nedostataka, koji su dobro izgledali, pokazivali inteligenciju u svakoj grani mudrosti, obdareni razumijevanjem i razboritim znanjem i koji su imali sposobnost služiti u kraljevskom dvoru; on im je naredio učiti književnost i jezik Kaldejaca i dopustio im imati kraljevski izbor hrane i vina koje je on pio, te im je naredio da će učiti tri godine. Daniel je bio jedan od njih (Daniel 1:4-5).

Međutim, Daniel je odlučio da se neće ukaljati kraljevim odabirom hrane ili vina koje on pije, i tražio dopuštenje zapovjednika časnika da se on ne ukalja (Daniel 1:8). To je bila Danielova vjera koja je željela držati zakon Boga. Sada je Bog podario Danielu naklonost i suosjećanje u vidu šefa činovnika (s.9). Pa je nadglednik nastavio uzimati hranu i vino njemu i njegovim prijateljima i davao im samo povrće (s.16).

Jer je On vidio Danielovu vjeru, Bog mu je dao znanje i inteligenciju u svakoj grani književnosti i mudrosti; Daniel je čak razumio sve vrste vizija i snova (s. 17). U svim slučajevima mudrosti i razumijevanja u kojima je savjetovao kralja, on je vidio da je Daniel deset puta bolji od čarobnjaka i mađioničara koji su bili u njegovoj zemlji (s. 20).

Kasnije je kralja Nabukodonosora mučio san kojeg je sanjao i nije mogao spavati i nitko od Kaldejaca nije mogao tumačiti taj san. Ali Daniel je uspješno tumačio san kroz mudrost i moć Boga. Tada je kralj unaprijedio Daniela i dao mu mnoge darove te mu je dao vladati nad cijelom provincijom Babilona kao šef prefekt nad svim mudrim ljudima u Babilonu (Daniel 2:46-48).

Ne samo za vladavine kralja Nabukodonosora nego nego također i za vladavine Belšazara Daniel je primio naklonost i prepoznanje. Kralj Belšazar je izdao proglas u kojem Daniel ima autoritet kao treći vladar kraljevstva. Kada je kralj Belšazar ubijen i Darije je postao kralj, Daniel je još uvijek imao naklonost kralja.

Kralj Darije je imenovao 120 namjesnika nad kraljevstvom i iznad njih tri povjerenika. Ali pošto se Daniel počeo isticati među povjerenicima i namjesnicima sa svojim izvanrednim duhom, kralj ga je planirao postaviti nad cijelim kraljevstvom.

Tada su povjerenici i namjesnici pokušali pronaći način podići optužbe protiv Daniela u pogledu na državne poslove; ali oni nisu mogli naći ništa za optužiti ili dokaze o korupciji, utoliko koliko je bio vjeran, nemar ili korupcija se nije mogla naći na njemu. Oni su smislili spletku da bi optužili Daniela u pogledu na zakon Boga. Oni su zahtijevali da kralj postavi kip i provede naredbu da će svatko tko se moli bilo kojem bogu ili čovjeku osim kralja biti bačen na trideset dana u lavlju jazbinu. I oni su zahtijevali da kralj uspostavi naredbu i potpiše dokument tako da se ne može promijeniti prema zakonu Medeje i Perzije koji se nije mogao povući. Prema tome kralj Darije je potpisao dokument, tj. naredbu.

Kada je Daniel znao da je dokument potpisan, on je ušao u svoju kući i na tavanu svoje kuće on je imao prozor otvoren prema Jeruzalemu i nastavio klečati tri puta na dan, moleći se i dajući hvalu pred svojim Bogom, kao što je to i prije radio (Daniel 6:10). Daniel je znao da će biti bačen u lavlju jazbinu ako prekrši naredbu, ali kroz odlučnost za mučeničkom smrti on je služio samo Bogu.

Čak i usred zarobljeništva u Babilonu, Daniel se uvijek sjećao milosti Boga i vatreno Ga volio do točke klečanja na zemlji, moleći se i dajući Mu hvalu tri puta na dan bez prestanka. On je imao snažnu vjeru i nikad nije radio kompromise sa svijetom u službi Bogu.

Daniel je bačen u lavlju jazbinu

Ljudi koji su bili ljubomorni na Daniela su se dogovorili i otkrili kako se Daniel moli i preklinje pred svojim Bogom. Onda su prišli i govorili pred kraljem o kraljevskoj naredbi. Na kraju je kralj shvatio da ljudi nisu zahtijevali da on uspostavi nalog zbog samog kralja nego zbog njihove sheme otklanjanja Daniela i bio je jako iznenađen. Ali jer je kralj potpisao dokument i proglasio nalog, on sam ga nije mogao prevladati.

Ubrzo nakon što je čuo tu izjavu, on je bio duboko rastužen i postavio je svoj um na oslobođenje Daniela. Ali povjerenici i namjesnici su prisilili kralja da provede nalog i kralj nije imao drugog izbora nego to učiniti.

Kralj je bio prisiljen izdati naredbe i Daniel je bačen u lavlju jazbinu, kamen je donesen i postavljen preko jazbine mjesec dana. To je bilo zbog toga što se ništa nije moglo promijeniti u pogledu na Daniela.

Tada je kralj, koji je favorizirao Daniela, otišao u svoju palaču, proveo noć posteći, zabavljači nisu došli pred njega; i san je bježao od njega. Tada se kralj ustao u zoru, na početku dana i u brzini otišao do lavlje jazbine. Bilo je prirodno očekivati da će Daniel biti pojeden, budući da je on bačen u jazbinu gladnih lavova. Ali kralj je žurno otišao do lavlje jazbine očekujući da je možda preživio.

U to vrijeme mnogi osuđeni kriminalci su bacani u lavlje

jazbine. Ali kako je Daniel mogao prevladati gladne lavove i tamo preživjeti? Kralj je mislio u svojem umu da bi ga Bog kojemu je Daniel služio mogao spasiti i došao je blizu jazbine. Kad se približi jami, viknu Daniela žalosnim glasom. Kralj reče Danielu: "Daniele, slugo Boga živoga, je li te Bog tvoj, kojemu tako postojano služiš, mogao izbaviti od lavova?"

Na njegovo iznenađenje, Danielov se glas čuo iz lavlje jazbine. Daniel odgovori kralju: "Kralju, da si živ dovijeka! Bog moj poslao je anđela svojega. On je zatvorio čeljust lavovima. Oni mi nijesu ništa naudili, jer sam bio nađen pred njim nedužan. I proti tebi, kralju, nijesam učinio nikakve nepravde" (Daniel 6:21-22).

Tada se kralj jako obradovao i zapovjedio je da izvade Daniela iz jame. Kada je Daniel izvučen iz jazbine, nikakva se rana nije mogla naći na njemu. Kako je to veličanstveno bilo! To je bio veliki trijumf koji je bio izveden Danielovom vjerom koji je vjerovao u Boga! Jer je Daniel vjerovao u živog Boga, on je preživio među gladnim lavovima i otkrio slavu Boga čak i nevjernicima.

I kralj je dao naredbu i oni su doveli one ljudi koji su opako optužili Daniela i oni su ih bacili, njihovu djecu i njihove žene u lavlju jazbinu; oni nisu došli do dna jazbine prije nego su ih lavovi nadjačali i slomili im sve kosti (Daniel 6:24). Nakon što je to saznao, kralj Darije je pisao svim ljudima, nacijama i ljudima svih jezika koji su živjeli u svim zemljama i rekao im da se boje Boga otkrivajući tko je Bog.

Kralj im je proglasio, "Sreća vam sve veća i veća! Ovim izlazi od mene zapovijed, da se u svem području vlasti moje ima svaki bojati i strašiti Boga Danielova, jer je on Bog živi, koji ostaje dovijeka. Kraljevstvo se njegovo ne ukida nikada, i vlast njegova nema kraja. On izbavlja i spasava, čini znake i čudesa na nebu i na zemlji. On je izbavio Daniela od sile lavova (Daniel 6:26-27).

Kako je to veliki trijumf vjere! Sve je to bilo jer se nije moglo pronaći grijeha u Danielu i on je potpuno vjerovao u Boga. Ako mi hodamo u riječi Boga i boravimo u Njegovoj ljubavi, bez obzira kakva vrsta situacije i uvjeta, Bog će ti pribaviti način izlaza i prouzrokovati tvoj trijumf.

Daniel, pobjednik velike vjere

Kakvu vrstu vjere je Daniel imao pa je on mogao dati tako veliku slavu Bogu? Pogledajmo u vrstu vjere koju je Daniel imao tako da mi možemo prevladati bilo kakvo iskušenje i nepogodu i otkriti slavu živog Boga mnogim ljudima.

Prvo, Daniel nikad nije radio kompromise vjere bilo čime sa ovog svijeta.

On je bio na čelu generalnih poslova zemlje kao jedan od nadglednika Babilona i također je bio svjestan da će biti bačen u lavlju jazbinu ako prekrši nalog. Ali on nikad nije slijedio ljudske misli ili mudrosti. On se nije bojao ljudi koji su planirali sheme protiv njega. Kleknuo na zemlju i molio se Bogu kao što je to i ranije činio. Da je slijedio ljudske misli, tijekom 30 dana kada je nalog bio na djelu on bi se prestao moliti Bogu ili bi se molio u tajnoj sobi. Međutim, Daniel nije učinio niti jedno od tog dvoje. On nije tražio poštediti si život niti je činio kompromise sa svijetom. On je samo držao svoju vjeru sa svojom ljubavi za Boga.

U jednoj riječi, to je zbog toga što je on imao vjeru mučenika sa kojom je on, iako je znao da je dokument potpisan, ušao u svoju kući i na tavanu otvorio svoj prozor prema Jeruzalemu. Nastavio klečati tri puta na dan, moliti se i dati hvalu pred svojim Bogom, kao što je to činio i prije.

Drugo, Daniel je imao vjere sa kojom se nije prestao moliti.

Kada je pao u situaciju u kojoj se morao pripremiti za svoju smrt, on se molio Bogu kao što je to obično i činio. Nije želio počiniti grijeh prestanka molitve (1. Samuelova 12:3).

Molitve su dan za naš duh, pa se mi ne bismo trebali prestati moliti. Kada iskušenja i nepogode dođu na nas, mi se moramo moliti i kada smo u miru, mi se moramo moliti da ne bismo pali u iskušenja (Po Luki 22:40). Jer se on nije prestao moliti, Daniel je mogao zadržati svoju vjeru i prevladati iskušenja.

Treće, Daniel je imao vjeru u kojoj je on dao hvalu u svakoj okolnosti.

Mnogi oci vjere zapisani u Bibliji davali su hvalu u svemu vjerom jer su znali da je prava vjera davati hvalu u svakoj okolnosti. Kada je Daniel bačen u lavlju jazbinu jer je slijedio zakon Boga, on je postao trijumf vjere. Čak i da su ga lavovi pojeli, on bi došao u ruke Boga i živio bi u vječnom kraljevstvu Boga. Bez obzira kakav rezultat bio, u njemu nije bilo straha! Ako osoba potpuno vjeruje u nebo, ona se ne može bojati smrti.

Čak i da je Daniel živio u miru kao vladar kraljevstva nakon kralja, to bi bila samo trenutna čast. Ali ako bi on zadržao svoju vjeru i umro mučeničkom smrću, njega bi Bog prepoznao, smatrao bi se velikim u kraljevstvu neba i živio bi u vječnoj sjajnoj slavi. Zato je jedina stvar koju je on radio je davanje hvale.

Četvrto, Daniel nije griješio. On je imao vjeru sa kojom je slijedio i prakticirao riječ Boga.

U Danielovim državnim poslovima nije bilo ničega za što

bi ga se moglo optužiti. Nije bilo tragova korupcije, nemara ili nepoštenja. Kako je bio čist njegov život!

Daniel nije osjećao žalost i nije imao loših osjećaja protiv kralja koji je naredio da ga se baci u lavlju jazbinu. Umjesto toga on je još uvijek bio vjeran kralju do točke govorenja, "O kralju, živi vječno!" Da mu je ovaj test dan jer je počinio grijehe, Bog ga ne bi zaštitio. Ali jer Daniel nije griješio, njega je Bog mogao zaštiti.

Peto, Daniel je imao vjere sa kojom je on potpuno vjerovao samo u Boga.

Ako mi imamo strahopoštovanje prema Bogu, potpuno se uzdamo u Njega i stavimo sve stvari u Njegove ruke, On će riješiti sve vrste problema za nas. Daniel je potpuno vjerovao u Boga i potpuno se uzdao u Njega. On nije činio kompromise sa svijetom nego je izabrao zakon Boga i pitao za Božju pomoć. Bog je vidio Danielovu vjeru i učinio da sve radi za njegovo dobro. Blagoslovi su dodani na blagoslove tako da se Bogu može dati velika slava.

Ako mi imamo istu vjeru koju je Daniel imao, bez obzira na vrste iskušenja ili poteškoća sa kojima se mi susrećemo, možemo ih prevladati, okrenuti ih u šanse za blagoslove i svjedočiti živog

Boga. Neprijatelj vrag se šulja okolo tražeći nekog za proždrijeti. Pa, mi se moramo oduprijeti vragu snažnom vjerom i živjeti u Božjoj zaštiti držeći i slušajući riječ Boga.

Kroz iskušenja koja dolaze na nas i traju trenutak, Bog nas usavršava, potvrđuje, ojačava i uspostavlja (1. Petrova poslanica 5:10). Neka ti posjeduješ istu vjeru koju je Daniel imao, hodaš sa Bogom svo vrijeme i slaviš Ga, u ime našeg Gospoda Isusa Krista ja se molim!

Poglavlje 7

Bog daje unaprijed

Postanak 22:11-14

Ali anđeo Gospodnji povika mu s neba: "Abrahame, Abrahame" On odgovori: 'Evo me!'" Ne stavljaj ruku na dječaka i ne učini mu ništa, jer sad znam, da se Boga bojiš i da mi nijesi uskratio jedinoga sina svojega." Kad Abraham pogleda oko sebe, vidje odzada ovna, što se bio rogovima svojim zapleo u trnju. Abraham ode tamo, dovede ovna i prinese ga mjesto sina svojega kao žrtvu paljenicu. Abraham prozva to mjesto "Jahve-Jire", (znači, Gospod-Pribavljač) tako da se i danas još kaže: "Na brdu Gospoda bit će pribavljeno"

Jahve-Jire! Kako je uzbudljivo i ugodno samo to čuti! To znači da Bog priprema za sve unaprijed. Danas su mnogi vjernici u Boga čuli i znaju da Bog radi za, priprema za nas i vodi nas unaprijed. Ali većina ljudi ne uspijeva iskusiti tu riječ Boga u svojim vjerničkim životima.

Riječi "Jahve-Jire" je riječ blagoslova, pravednosti i nade. Sve žele i žude za tim stvarima. Ako mi ne shvatimo put na koji se ta riječ odnosi, mi ne možemo ući na put spasenja. Pa, ja želim podijeliti sa tobom vjeru Abrahama kao primjer čovjeka koji je primili blagoslov "Jahve-Jirea."

Abraham je stavljao riječ Boga iznad svega ostalog

Isus je rekao po Marku 12:30, "Ljubi Gospodina, Boga svojega, svim srcem svojim, svom dušom svojom, svom pameti svojom i svom snagom svojom!" Kao što je opisao u Postanku 22:11-14 Abraham je volio Boga do te mjere da je mogao komunicirati sa Bogom licem u lice, shvatiti volju Boga i primiti blagoslove Jahve-Jirea. Ti bi trebao shvatiti da to uopće nije slučajnost što je to primio.

Abraham je stavljao Boga iznad sveg ostalog i smatrao Njegovu riječ vrjednijom od svega ostalog. On nije slijedio svoje misli i on je uvijek bio spreman poslušati Boga. Jer je on bio vjeran Bogu i sam je bio bez neistina, bio je pripremljen u dubini svojeg srca primiti blagoslove.

Bog je rekao Abrahamu u Postanaku 12:1-3, "Idi iz zemlje svoje i od roda svojega i iz doma oca svojega u zemlju, koju ću ti pokazati; jer učinit ću te velikim narodom, i blagoslovit ću te, i uvelićat ću ime tvoje; i ti ćeš biti blagoslov. Blagoslovit ću one, koji tebe blagoslivljaju, i proklet ću one, koji tebe proklinju; U tebi će biti blagoslovljena sva plemena na zemlji."

U toj situaciji, da je Abraham koristio ljudske misli, on bi osjećao malo poteškoća kada mu je Bog zapovjedio da ode iz svoje zemlje, od svojih rođaka i iz kuće svojeg oca. Ali on je kao prvo smatrao Boga Ocem, Stvoriteljem. Čineći to on može slušati i slijediti volju Boga. Na isti način, svatko može slušati Boga sa radosti ako stvarno voli Boga. To je zato što on vjeruje da Bog uzrokuje da sve radi za njegovo dobro.

Mnogi dijelovi Biblije nam pokazuju da su mnogi oci vjere smatrali riječ Boga kao prvo i hodali prema Njegovoj riječi. 1. Kraljevima 19:20-21 govori, "Tada on zaustavi volove, potrča za Ilijom i reče: 'Daj mi da se još oprostim od oca i matere; onda ću poći za tobom.' On mu odgovori 'Idi samo kući, jer ja nemam više ništa da učinim na tebi.' Onaj ode od njega, uze jaram volova i zakla ih. Drvima od pluga skuha meso i dade ga ljudima da jedu. Onda ustade, otide za Ilijom i postade mu sluga." Kada je Bog pozvao Elišeja kroz Iliju, on je odmah ostavio sve što je imao i slijedio volju Boga.

Tako je bilo i sa Isusovim učenicima. Kada ih je Isus pozvao, oni su Ga odmah slijedili. Po Mateju 4:18-22 govori nam, "Kad je išao pokraj mora Galilejskoga, vidje, kako dva brata, Simon, koji se zove Petar, i njegov brat Andrija, baciše mrežu svoju u more. Oni su bili ribari. On im reče: 'Hajdete za mnom! Učinit ću vas lovcima ljudi.' Smjesta ostaviše oni mreže svoje i pođoše za njim. Kad je odatle otišao dalje, vidje druga dva brata, Jakova, sin Zebedejeva, i njegova brata Ivana, kako su svojim ocem Zebedejem popravljali u lađici mreže svoje. I pozva ih. Smjesta ostaviše oni lađicu i oca svojega i pođoše za njim.

Zato te ja željno potičem da posjeduješ vjeru kojom ti možeš slušati volju Boga kakva god bila i da razmotriš riječ Boga kao prvu tako da Bog može raditi za dobro u svemu za tebe sa Svojom moći.

Abraham je uvijek odgovorao sa "Da!"

Prema riječi Boga, Abraham je napustio svoju zemlju, Haran otišao u zemlju Kaanan. Ali jer je glad tako bila ozbiljna, on se morao preseliti u zemlje Egipta (Postanak 12:10). Kada se nastanio tamo, Abraham je prozvao svoju ženu svojom "sestrom" da bi se spasio od ubojstva. Što se tiče toga, neki kažu da je on varao ljude oko sebe govoreći im da je ona njegova sestra jer se on bojao i bio je kukavica. Ali u stvarnosti on im nije lagao, nego je samo koristio svoje ljudske misli. Dokazana je činjenica da kad mu je zapovjeđeno da napusti svoju zemlju, on je poslušao bez straha. Pa, nije istina da ih je on prevario govoreći da je ona njegova sestra jer je on kukavica. On je tu učinio, ne zato što je ona stvarno jedna od njegovih rođakinja, nego također jer je on mislio da ju je bolje zvati njegova "sestra" nego "žena."

Dok je bio u Egiptu, Abrahama je Bog pročišćavao tako se on može potpuno uzdati u Boga savršenom vjerom bez sliđenja ljudskih mudrosti i misli. On je oduvijek bio spreman slušati, ali ostajalo je nešto tjelesnih misli u njemu koje je još uvijek trebalo odbaciti. Kroz to iskušenje Bog je dozvolio da ga Egipatski faraon dobro tretira. Bog je dao Abrahamu mnoge blagoslove uključujući ovce, volove i magarce, te muške i ženske sluge, ženske magarce i deve.

To nam govori da ako iskušenje dođe na nas jer mi ne slušamo moramo patiti poteškoće, a ako iskušenja dođu zbog tjelesnih misli koje još nismo odbacili, čak i ako smo poslušni, Bog prouzrokuje da nam sve ide dobro.

Ovo iskušenje je omogućilo da on kaže samo "Amen" i sluša u svemu i nakon toga Bog mu je zapovijedio da prinese svog jedinog sina Izaka kao žrtvu paljenicu. Postanak 22:1 kaže,

"Poslije ovih događaja stavi Bog Abrahama na kušnju i reče mu: 'Abrahame!' On odgovori: 'Evo me!'"

Kada je Izak rođen, Abraham je bio sto godina star, a njegova žena Sara devedeset godina. Za roditelje bilo je potpuno nemoguće imati djecu ali samo sa milosti i obećanjem Boga, sin im se rodio i sina su računali kao vrjednije blago od bilo čega drugog. U dodatku, on je bio sjeme Božjeg obećanja. Zato je on bio začuđen kada mu je Bog zapovjedio da prinese svog sina kao žrtvu paljenicu kao životinju! To je bilo izvan svake vrste ljudske zamisli.

Međutim, jer je Abraham vjerovao da Bog može podići njegovog sina iz mrtvih on je mogao poslušati zapovijed Boga (Poslanica Hebrejima 11:17-19). U drugom pogledu, jer su sve njegove tjelesne misli uništene, on je mogao posjedovati vjeru kojom je mogao prinijeti svojeg jedinog sina Izaka kao žrtvu paljenicu.

Bog je vidio tu Abrahamovu vjeru i pripremio je ovna kao žrtvu paljenicu, tako da Abraham ne mora ispružiti svoju ruku protiv svojeg sina. Abraham je pronašao ovna koji rogovima zapleo u trnju i prinio je ovna kao žrtvu paljenicu umjesto sina. I to je mjesto prozvao, "GOSPOD će pribaviti."

Bog je pohvalio Abrahama zbog njegove vjere, govoreći u Postanku 22:12, "Sad znam, da se Boga bojiš i da mi nijesi uskratio jedinoga sina svojega" i dao mu veličanstveno obećanje blagoslova u stihovima 17-18, "Blagoslovit ću te obilno i potomstvo ću tvoje umnožiti kao zvijezde na nebu i kao pijesak na obali morskoj, i potomstvo će tvoje osvojiti vrata neprijatelja svojih. I bit će blagoslovljeni u potomstvu tvojem svi narodi na zemlji zato, jer si poslušao glas moj."

Čak i ako tvoja vjera nije došla do nivoa Abrahama, ti možeš ponekad iskusiti blagoslove "GOSPOD će pribaviti." Kada će ti nešto napraviti, ti vidiš da će Bog to već pribaviti za tebe. To je bilo moguće jer je tvoje srce bilo prema Bogu u tom trenutku. Ako ti možeš posjedovati istu vjeru kakvu je Abraham imao i potpuno slušati Boga, ti ćeš živjeti u blagoslovu "GOSPOD će pribaviti" svuda i stalno; kakav veličanstven život u Kristu!

Da bi ti primio blagoslove Jahve-Jirea, "GOSPOD će pribaviti," ti moraš govoriti "Amen" na svaku vrstu zapovijedi Boga i hodati samo prema volji Boga bez imalo insistiranja na svojim mislima. Ti moraš primiti Božje prepoznanje. Zato nam Bog jasno govori da je bolje slušati nego žrtvovati (1. Samuelova 15:23).

Isus je postojao u obliku Boga, ali On nije smatrao jednakost sa Bogom kao stvar koja se može uhvatiti, nego Se On ispraznio, uzeo oblik sluge i načinjen je na sliku čovjeka. I On Se ponizio i postao poslušan do točke smrti (Poslanica Filipljanima 2:6-

8). I u pogledu na Njegovu potpunu poslušnost 2. poslanica Korinćanima 1:19-20 piše, "Jer Sin Božji, Isus Krist, kojega mi, ja i Silvan i Timotej, vama propovijedasmo, nije bio zajedno da i ne, nego je bio u njega samo da. Jer koliko je obećanja Božjih, našlo je u njemu svoj da, i u njemu je Amen Bogu na slavu po nama."

Kako je jedini začeti Sin Boga govorio samo "Da," mi moramo bez sumnje govoriti "Amen" na svaku riječ Boga i slaviti Ga primanjem blagoslova "GOSPOD će pribaviti."

Abraham je progonio mir i svetost u svemu

Jer je on smatrao riječ Boga prvom iznad svega ostalog i volio Ga više od bilo čega drugog, Abraham je govorio samo "Amen" na riječ Boga i potpuno slušao tako da on može udovoljiti Bogu.

U dodatku, on je postao potpuno posvećen i uvijek tražio biti u miru sa svima oko sebe, tako da bi on mogao dobiti Božje prepoznanje.

U Postanku 13:8-9 on je rekao svojem nećaku Lotu, "Neka ne bude svađe između mene i tebe, između mojih i tvojih pastira; jer braća smo. Nije li sva zemlja pred tobom? Odijeli se radije od mene! Ako ćeš ti nalijevo, ja idem nadesno; ako li ćeš ti nadesno, ja idem nalijevo."

On je bio stariji od Lota, ali on je dao Lotu izbor zemlje da bi bilo mira i da bi se žrtvovao. To je zato što nije tražio vlastitu korist nego korist drugih u svojoj duhovnoj ljubavi. Na isti način, ako ti živiš u istini, ti se ne bi trebao svađati niti hvalili da bi bio u miru sa svakim.

U Postanku 14:12,16 mi pronalazimo da kada je Abraham čuo da je njegov nećak Lot zarobljen, on je poveo svoje istrenirane ljude, rođene od njegove kuće, tri stotine i osamnaest i otišao u progon, te vratio sve dobro i također vratio svojeg rođaka Lota sa njegovim imanjem, ženama i drugim ljudima. Jer je on bio potpuno čestiti i hodao je ispravnim putem, on je dao Melkizedeku, kralju Salema, desetinu sve dobiti koje je trebao dati Njemu i vratio ostatak kralju Sodome govoreći, "Ni konca, ni remena od obuće, ništa od svega, što je tvoje, ne uzimam, da ne rekneš: 'Ja sam obogatio Abrama'" (s.23). Prema tome, Abraham nije samo bio u progonu istine u svakoj stvari nego je također hodao na nevinom i čestitom putu.

Poslanica Hebrejima 12:14 kaže "Težite za mirom sa svima i za posvećenjem, bez kojega nitko neće vidjeti Gospodina." Ja te revno potičem da shvatiš da je Abraham mogao primiti blagoslov Jahve-Jirea, "GOSPOD će pribaviti," jer je on progonio mir sa svim ljudima i ostvario posvećenost. Ja te također potičem da postaneš ista vrsta osobe kakva je on bio.

Vjerovanje u moć Boga Stvoritelja

Da bismo primili blagoslov "GOSPOD će pribaviti," mi moramo vjerovati u moć Boga. Poslanica Hebrejima 11:17-19 nas uči, "Vjerom prikaza Abraham Izaka, kad bi kušan, i jedinorođenoga je prikazao on, i koji je bio primio obećanja, kojemu bi kazano: 'U Izaku nazvat će ti se potomstvo.' Jer je mislio, da Bog može i od mrtvih uskrsnuti; zato ga i natrag dobi, da bude lika." Abraham je vjerovao da moć Boga Stvoritelja može učiti sve mogućim, pa je on mogao vjerovati u Boga bez sliječenja bilo kakvih tjelesnih i ljudskih misli.

Što bi ti učinio kad bi ti Bog zapovjedio da preneseš svog jedinog sina kao žrtvu paljenicu? Ako ti vjeruješ u moć Boga kojem ništa nije nemoguće, bez obzira koliko je to tebi nemilo, ti ćeš moći poslušati. Tada ćeš ti primiti blagoslove, "GOSPOD će pribaviti."

Kako je moć Boga neograničena, On će pripremiti unaprijed, ostvaruje i vraća nam sa blagoslovima ako smo mi potpuno slušali bez ijedne vrste tjelesnih misli kao Abraham. Ako mi imamo nešto što volimo više od Boga ili kažemo "Amen" samo na stvari sa kojima se slažemo sa našim mislima i teorijama, mi nikad ne možemo primiti blagoslov "GOSPOD će pribaviti."

Kao što je rečeno u 2. poslanici Korinćanima 10:5 "I svaku

visost, koja se podiže proti spoznaji Božjoj, i zarobljujemo svaki razum za pokornost Kristu," primiti i iskusiti blagoslov "GOSPOD će pribaviti," mi moramo odbaciti svaku vrstu ljudskih misli i imati duhovnu vjeru sa kojom možemo reći "Amen." Da Mojsije nije imao duhovnu vjeru, bi li on mogao razdvojiti Crveno more na dva dijela? Bez duhovne vjere, kako je Jošua mogao uništiti grad Jerihon?

Ako ti slušaš samo stvari koje se slažu sa tvojim mislima i znanjem, to se ne može zvati duhovna poslušnosti. Bog stvari nešto ni iz čega, pa kako je Njegova moć ista kao snaga i znanje čovjeka koji čini nešto ni iz čega?

Po Mateju 5:39-44 čitamo slijedeće. "A ja vam kažem, ne opirite se zlu, nego ako te tko udari po desnom obrazu, obrni mu i drugi". Hoće li tko da se pravda s tobom i košulju tvoju da uzme, pusti mu i kabanicu! Primora li te tko da ideš s njim jednu milju daleko, idi s njim dvije! Tko te moli, podaj mu; tko hoće da uzajmi od tebe, ne odbijaj ga!" Čuli ste, da je bilo rečeno: 'Ljubi bližnjega svojega i mrzi na neprijatelja svojega!' A ja vam kažem: Ljubite neprijatelje svoje i molite se za one, koji vas progone!"

Kako je drugačija ova riječ istine Boga od naših misli i znanja? Zato te ja potičem da držiš na umu da ako pokušaš govoriti "Amen" samo kada se to slaže sa tvojim mislima ti ne možeš ostvariti kraljevstvo Boga i primiti blagoslov Jahve-Jirea,

"GOSPOD će pribaviti."

Čak i ako ti ispovijedaš vjeru u svemogućeg Boga, jesi li bio u problemima, nervozi ili brigama kad se susretneš sa nekim problemima? Onda, to se ne može smatrati kao prava vjera. Ako ti imaš pravu vjeru, ti moraš vjerovati u moć Boga i predati svaki problem u Njegove ruke sa radosti i hvalom.

Neka svatko od broji Boga kao prvog, postanu dovoljno poslušno reći samo "Amen" na svaku riječ Boga, progoniti mir sa svim ljudima u svtost i vjerovati u moć Boga koji može ponovno podići mrtve tako da možeš primiti i uživati blagoslov "GOSPOD će pribaviti," u ime našeg Gospoda Isusa Krista ja se molim!

Autor:
Dr. Jaerock Lee

Dr. Jaerock Lee je rođen u Muan, Jeonnam provinciji Republici Koreji u 1943. Dr. Jaerock Lee rođen je 1943. godine u Muanu u provinciji Jeonnam u Republici Koreji. U svojim dvadesetim godinama sedam je godina patio od niza neizlječivih bolesti te je čekao smrt bez ikakve nade u oporavak. Međutim, jednoga dana u proljeće 1974. godine njegova ga je sestra dovela u crkvu i kada je kleknuo da moli, živi Bog ga je trenutno iscijelio od svih bolesti.

Od tog trenutka, kada se susreo s živim Bogom kroz to predivno iskustvo, Dr. Lee je volio Boga svim svojim srcem te je 1978. godine pozvan da bude Božji sluga. Žarko je molio te proveo mnogo vremena u postu kako bi mogao jasno razumjeti Božju volju, u potpunosti je provesti i biti poslušan Riječi Božjoj. Godine 1982. Osnovao je Manmin Central Church u Seulu u kojoj su se od tada dogodila nebrojena čudesna ozdravljenja te druga čuda i znakovi.

Godine 1986. Dr. Lee je zaređen za pastora Annual Assembly of Jesus Church u Koreji, a četiri godine kasnije, njegove su propovijedi emitirane u Australiji, Rusiji i na Filipinima. Ubrzo je još mnogo zemalja dosegnuto putem Dalekoistočnu radiotelevizijsku kompaniju Azijsku radiotelevizijsku stanicu i Kršćanski radio sustav u Washingtonu.

Godine 1993., tri godine nakon prve prvog emitiranja, Manmin Central Church izabrana je među „50 najuspješnijih crkava na svijetu" prema odabiru časopisa Christian World Magazin (Kršćanski svijet) te je pastoru Leeju Christian Faith College s Floride u SAD-u dodijelio titulu počasnog doktora teologije. Godine 1996. na Kingsway Theological Seminary u Iowi u SAD-u Dr. Lee je primio doktorsku titulu iz područja kršćanskog služenja.

Od 1993. Dr. Lee je vodio evangelizacije u mnogim udaljenim mjestima kao što su: Tanzanija, Argentina, Los Angeles, Baltimore, Hawai, New York, Uganda, Japan, Pakistan, Kenija, Filipini, Honduras, Indija, Rusija, Njemačka, Peru, Demokratska Republika Kongo, Izrael i Estonija.

Poznate i visokotiražne novine u Koreji su ga 2002. prepoznale kao „svjetski priznatog propovjednika probuđenja" zbog njegove silne službe u mnogim zemljama. Posebno je istaknuta njegova evangelizacijska kampanja „New York Crusade 2006" održana u Madison Square Gardenu, jednoj od najpoznatijih svjetskih dvorana. Taj se događaj prenosio uživo u 220 zemalja. A u evangelizacijskoj kampanji „Israel United Crusade

2009" održanoj u Međunarodnom konferencijskom centru u Jeruzalemu hrabro je propovijedao Isusa kao Mesiju i Spasitelja.

Njegove se propovijedi emitiraju u 176 zemalja putem satelita, uključujući GCN TV te je 2009. i 2010. uvršten među deset najuspješnijih kršćanskih vođa prema izboru popularnog ruskog kršćanskog časopisa In Victory (U pobjedi) i novinske agencije Christian Telegraph zahvaljujući moćnom služenju kroz emitiranje propovijedi i pastoralnom služenju u dalekim zemljama.

Od svibnja 2013. Manmin Central Church broji više od 120 000 članova. Postoje 10 000 crkava kćeri diljem svijeta, uključujući 26 u Koreji. Više od 129 misionara poslano je u 23 zemlje uključujući Sjedinjenje Američke Države, Rusiju, Kanadu, Japan, Kinu, Francusku, Indiju, Keniju i mnoge druge.

Što se tiče njegove izdavačke djelatnosti, Dr. Lee je izdao 85 knjiga uključujući bestsellere: Tasting eternal Life Before Death (Okusiti vječni život prije smrti), My Life My Faith I&II (Moj život, moja vjera I&II), The Message of the Cross (Poruka križa), Heaven I&II (Nebo I&II), Hell (Pakao), Awaken, Izrael! (Probudi se, Izraele!) i Power of God (Božja sila). Njegova su djela prevedena na 75 jezika.

Njegove kršćanske kolumne pojavljuju se u novinama i časopisima: The Hankook Ilbo, The Joongang Daily, The Chosun Ilbo, The Dong-A Ilbo, The Munhwa Ilbo, The Seul Shinmun, The Kyungyang Shinmun, The Korean Economic Daily, The Koerea Herald, The Shisa News The Christian Press.

Dr. Lee je trenutno vođa mnogih misijskih organizacija i udruga. Njegove funkcije uključuju: predsjednik The United Holiness Church of Jesus Christ (Ujedninjene crkve svetosti Isusa Krista); predsjednik Manmin Word Mission (Organizacije za svjetsku misiju Manmin); doživotni predsjednik The World Christianity Revival Mission Association (Svjetsko misijsko udruženje za probuđenje unutar kršćanstva), osnivač i član odbora Global Christian Network – GCN (Globalne kršćanske mreže), osnivač i član odbora World Christian Doctors Network – WCDN (Svjetske mreže kršćanski liječnika) te osnivač i član odbora Manmin International Seminary – MIS, (Međunarodnog teološkog fakulteta Manmin).

Ostale moćne knjige istog autora

Raj I i II

Podrobna skica božanske životne okoline u kojoj uživaju stanovnici raja i prekrasan opis različitih razina nebeskog kraljevstva.

Poruka Križa

Moćna poruka razbuđivanja za sve ljude koji su u duhovnom snu! U ovoj ćete knjizi pronaći razlog zašto je Isus naš jedini Spasitelj i iskrenu Božju ljubav.

Pakao

Ozbiljna poruka cijelom čovječanstvu od Boga, koji ne želi da čak i jedna duša padne u dubine pakla! Otkrit ćete nikada prije objavljeni opis surove stvarnosti Hada i pakla.

Izraele, Probudi se

Zašto je Bog uperio pogled u Izrael od početka svijeta do današnjega dana? Koja je vrsta Njegove providnosti pripravljena za Izrael posljednjih dana, koji iščekuje Mesiju?

Moj Život, Moja Vjera I i II

Najmirisnija duhovna aroma izvučena kao ekstrakt iz života koji je procvjetao neusporedivom ljubavlju za Boga usred tamnih valova, hladnoga jarma i najdubljeg očaja.

www.urimbooks.com

www.ingramcontent.com/pod-product-compliance
Lightning Source LLC
LaVergne TN
LVHW061039070526
838201LV00073B/5101